LA NAISSANCE
DE L'AMÉRIQUE ESPAGNOLE

A mes fils Juan et Gaston, je dédie ce livre qui apprend à aimer la vérité et les lettres.

JUAN B. TERAN

La Naissance

de

l'Amérique Espagnole

Traduction par XAVIER de CARDAILLAC

ÉDITIONS "LE LIVRE LIBRE"
141, Boulevard Péreire, 141
PARIS
MCMXXX

PROLOGUE

I

Ce livre est un programme, une synthèse;
chacune de ses parties est susceptible de se convertir, à son tour, sans grand effort, en un autre
livre. Ainsi qu'un panorama, je veux présenter,
en une seule vue d'ensemble, l'amplitude du
sujet. Je préfère en montrer la structure et non
pas la forme et la couleur. Ceci est architectural
et non pictural. Il y avait, me semble-t-il, urgence
à dire la vérité que je crois avoir rencontrée, non
pas à force de la rechercher mais à force d'y
penser.

Voici le plan de l'œuvre :

Le premier chapitre, en résumé, démontre que
la découverte de l'Amérique est comme un nœud
qui unit le Moyen Age et l'Age Moderne.

Le corps du livre est constitué par neuf autres
chapitres; les trois premiers exposent les facteurs

qui transformèrent les éléments de la société nouvelle et créèrent ainsi son originalité : la nature
physique ; l'absence de femmes blanches ; le
régime économique imposé par le pays conquérant (chap. II, III, IV)..

La seconde preuve de cette transformation est
faite dans les chapitres V, VI et VII avec la dis-
parition de quelques traits essentiels de la race
dominante qui créa la Société Américaine.

Par ricochet, nous apparaissent quelques-uns
de ses aspects moraux, complétés dans les chapitres VIII, IX et X.

Des deux derniers chapitres, XI et XII, le
premier esquisse la cité américaine, comme
un témoignage dans lequel s'est conservée l'âme
de la conquête ; le dernier chapitre, l'anticon-
quistador, exprime la vocation signalée à l'Amérique Espagnole des origines, personnifiée en
une figure dans laquelle nous voyons le précurseur de l'idéalisme de la Révolution libératrice.

Par ce dernier passage, ce livre se rattache à
un autre qui a paru en même temps que lui et
qui est intitulé : « Le Salut de l'Amérique Espagnole. »

Pendant que le présent ouvrage nous raconte
comment naquit l'Amérique Espagnole, l'autre,

employant un procédé vitaliste ou pédagogique
d'envisager l'histoire, nous instruit sur l'éducation
à laquelle doit être soumise cette race, née récemment pendant le XVI⁰ siècle.

II

Il entre dans notre plan la volonté de ne pas
utiliser l'opinion des historiens modernes, et de
nous en tenir aux seuls documents. En dehors
d'autres motifs, j'ai cherché ainsi à fortifier les
défaillances de l'historien par le contact direct
avec les sources. A l'honneur de la vérité, je dois
dire que j'ai trouvé là, en sus d'une satisfaction,
une règle de discipline, un motif de plaisir esthétique. Seule l'ingénuité extrême égale en séduc-
tion l'art raffiné.

Le chroniqueur Techo enchante comme Oscar
Wilde.

La beauté ne se trouve pas dans le juste milieu,
comme la vérité, mais bien dans les extrêmes.

Le lecteur curieux consultera, à la fin du livre,
en Appendice, la liste des documents qui justifient cette histoire.

Les idées fondamentales que renferme cet
ouvrage parurent dans la section littéraire de « la

Prensa » de Buenos-Aires, dont la direction éclairée recevra ici les remerciements que je lui dois pour l'hospitalité qu'elle leur a donnée.

III

Violant le précepte qui défend à un auteur de se mettre en scène, je m'excuse de parler ici, à la première personne ; ce sera la seule fois. J'agis ainsi non pour faire du lyrisme, mais dans une intention éducative, ce qui atténuera la faute. Ce livre est l'un des premiers fruits de longues études. J'ai considéré comme accessoire toute occupation qui pourrait les interrompre, et cela même si elle devait être — et elle l'aurait été presque toujours — plus bruyante ou plus agréable. Et si cette tâche, en effet, était agréable, je me sentais quand même poussé à l'abandonner, pour revenir au silence de la méditation. Je dis cela pour raconter la leçon qui se dégage de cette expérience : quand on s'est adonné une fois au métier d'éducateur, on le reste sans le vouloir.

Cette expérience m'a révélé — et c'est peut-être là l'unique enseignement de ce livre — combien il est recommandable comme guide de vie, comme secret de santé et de bonheur, de se créer,

*quand une préoccupation profonde s'empare de
nous, un refuge spirituel sur lequel personne
n'aura l'envie ou la force de mettre la main : ce
réduit moral ressemblera à une cabane de pierres
qui n'attire pas l'attention du passant.*

*Alors on peut sortir sur la grande route et défier
les luttes : on sait que l'on a un lieu où l'on
pourra soigner ses blessures et se reposer pendant la nuit (1).*

---

(1) *Note du traducteur* : Ceci est une traduction et non
pas une adaptation. En présentant au public de France
cette œuvre sur la philosophie de l'histoire de l'Amérique
Espagnole au temps de la conquête, j'ai tenu à m'effacer
devant un écrivain qui rappelle, par ses procédés, Taine et,
par son style, Michelet.

L'auteur m'avait cependant autorisé à modifier la forme
de son livre en me demandant simplement de respecter
sa pensée. Par scrupule, je n'ai usé de cette permission
qu'avec la plus grande réserve.

Dans l'édition castillane publiée à Tucumán (République
Argentine), en 1927, par le docteur don Juan B. Terán,
recteur de l'Université de cette province, quelques pages de
notes groupées suivaient chaque chapitre. J'étais libre de
les supprimer ; j'ai préféré, tout en conservant leur ordre,
les réunir, en appendice, à la fin du volume, avant la table
des matières. Les curieux liront avec intérêt les extraits des
vieux chroniqueurs qui n'ont pas trouvé place dans le
texte, les érudits pourront utiliser les références à des
ouvrages historiques simplement mentionnés par l'auteur.

L'édition castillane ne portait pas de notes au bas des
pages. Grâce aux réponses de don Juan B. Terán à mes
questionnaires, j'ai pu, au passage, en des notes précises,
donner de brèves indications sur quelques personnages et
sur certains lieux cités appartenant à l'Amérique latine ;
j'ai encore eu le soin de traduire et d'expliquer les mots
empruntés par le castillan américain aux idiomes autoch-
tones.

Quant aux noms propres des personnages et aux noms de lieux, sauf pour ceux dont la forme française est consacrée, j'ai cru devoir leur conserver la forme castillane ; j'ai agi de même, dans l'Appendice, pour les titres des livres espagnols et pour ceux des ouvrages étrangers cités d'après des traductions en cette langue.

Et maintenant je souhaite que les lecteurs de cette œuvre si originale éprouvent un plaisir semblable à celui que j'ai ressenti de mon côté doublement, à la lire d'abord et ensuite à la traduire.

Xavier de Cardaillac.

PRÉLIMINAIRES

INTRODUCTION

1

On se plaint, en général, que soient rares et troubles les sources de l'histoire coloniale de l'Amérique et on explique par de semblables obstacles la difficulté de l'éclaircir.

Elle ne sont ni rares ni troubles, ces sources. Dans la montagne de papiers conservés encore dans les archives, il y a beaucoup de secrets qui éclairent des événements et complètent des biographies, mais, dans ceux qui ont été publiés, on trouve la substance nécessaire pour comprendre l'âme de ce passé.

Nous n'avons pas fait l'inventaire des volumes publiés, afférents aux trois cents ans des Indes. Il y en a sûrement plusieurs centaines qui sont utiles, à un point de vue quelconque; parmi eux, les plus importants sont ceux qui concernent le XVIe siècle : l'époque de gestation créatrice, le siècle qui a décidé, qui a déterminé.

Dans la Rome antique, la période des Rois qui dura deux cent cinquante ans, n'offre pas de sources plus importantes, pour ne rien dire des six siècles, qui vont du III° siècle de notre Ere au IX°, soit deux fois plus de temps encore. Ce sont là en effet des époques considérées comme hermétiques et confuses.

Disons plutôt que l'histoire de l'Amérique a souffert par défaut de vérification soigneuse des documents et à cause des préjugés des vérificateurs.

Les contradictions, dans les jugements sur la vie des Indes, ne se fondent pas sur les trouvailles documentaires, mais sur les différences de conceptions, d'idéologies et de sentiments chez les historiens.

Ce sont eux qui font parler les papiers; le même document, sur lequel se fonde une condamnation, sert parfois à dresser un piédestal.

Chaque époque et chaque école désirent se voir accompagner par le passé, comme par un fantôme favorable, et elles lui prêtent leur âme propre pour être sûres d'arriver à leurs fins.

II

Dans le choix des sources de l'histoire américaine on s'est toujours arrêté devant les lois et les décrets royaux comme s'ils constituaient la source la plus pure.

On a tenu les documents officiels pour l'expression de la réalité sociale, quand ils n'étaient que l'expression d'idées et de projets.

Ces documents séduisent à cause de leur haute origine et par leur littérature emphatique, car ils sont relevés de considérations philosophiques et morales.

Le ton autoritaire de leur rédaction pourrait faire croire que ce sont là les ordres d'un capitaine dirigeant les mouvements de sa compagnie.

Constatons à leur décharge que ces cédules reconnaissent, fréquemment, que les précédentes ont été édictées en vain; elles ordonnent « à l'avenir plus de vigilance dans leur accomplissement » ou se bornent à répéter les précédentes.

C'est surtout lorsqu'il s'agit de l'histoire américaine qu'il est judicieux de suivre cette règle : se défier de la valeur que peuvent avoir les documents publics et royaux. Nulle part une société ne s'est moins soumise à la loi que l'Amérique de la conquête. Ne voyons dans cette loi ni un miroir ni une règle normale de la société; elle montre le mal qu'elle vise à corriger, mais ne la considérons pas comme si elle avait remédié à ce mal.

Quand l'autorité prescrit ces mesures pour réfréner les abus des commandeurs et leurs cruautés à l'égard des Indiens, sachons que ces griefs-là étaient réels, mais ne nous illusionnons pas, en supposant que l'abus et l'esclavage ont pu cesser.

Gonzalo Pizarro fut vaincu, mais les ordonnances, sur le travail personnel et sur la répartition des Indiens, qui avaient servi de prétexte et d'aliment à son insurrection, furent révoquées avant même d'avoir été appliquées un seul instant ; les partisans du vaincu eurent, des mains du vainqueur, plus que leur pardon : des assurances de protection et de nouvelles faveurs.

Les auditeurs, envoyés pour constituer le tribunal qui devait implanter les nouvelles lois libératrices et veiller à leur observation, firent tout le nécessaire pour les rendre vaines.

Plus prévoyant, celui qui devait les implanter au Mexique n'essaya même pas de les mettre en pratique.

III

Ne jugeons donc pas des lois en Amérique comme des lois en Espagne. En Amérique, la loi est chose artificielle. En Castille et en Aragon, c'est un dépôt de traditions vécues pendant des siècles par des gentilshommes et des roturiers qui les créèrent avec leurs fatigues, leurs douleurs et leur sang.

Dans les fueros on voit, ainsi que dans un tableau, la vie palpitante des villes et des villages ; comme exemple on peut prendre les fueros de Navarre : pittoresques, avec une saveur de vie ; dramatiques, tout pénétrés d'anciens souvenirs familiaux.

En Amérique, on employait les formules légales, et les juges et les officiers royaux américains se montraient empressés à les observer méticuleusement, parce qu'ils voulaient, en montrant l'écorce, dissimuler l'escamotage de la pulpe.

Le répertoire des formules était copieux, il y en avait pour commencer une entreprise de pacification ou de conquête; pour recevoir un nouveau gouverneur ou un nouvel évêque; pour prendre possession d'un territoire qu'on venait de découvrir ; pour accueillir une cédule royale que « en la posant sur la tête » on jurait de suivre, ou pour porter l'étendard royal dans les processions.

Le cérémonial était un tissu tout brodé de fraude ; sur ses détails on disputait avec une ardeur mal contenue; autour de cette querelle se formaient les cabales; on en venait aux mains, parfois le sang coulait.

Le respect scrupuleux de la forme était la rançon du mépris qu'on faisait de la loi elle-même.

*Dans notre Amérique, héritière de cette tra-
dition, encore aujourd'hui celui qui gouverne
continue à se considérer comme une loi vivante,
et son décret a plus de valeur qu'une loi du Parlement.*

*Nous ne pouvons accepter comme des sour-
ces dignes de foi, en ce qui concerne le passé
de l'Amérique, les lois sur les Indes.*

*Les Mémoires des vice-rois, les dossiers judi-
ciaires, les Commissions Royales, ont l'avantage
d'exposer des faits, même si ces documents sont
colorés par la passion de leurs auteurs.*

*Nous connaissons par ces pièces ce qui arrivait,
la trame des événements, les nécessités et les passions qu'ils suscitaient.*

*Cependant, il y a lieu de prendre de grandes
précautions pour ne pas se voir amené à tenir
pour la vérité ce qui n'est que la version préparée
pour obtenir de la Cour quelque faveur ou quelque vengeance. Mais ne dédaignons pas les
papiers où se retrouvent les passions, si nous
nous rendons compte de ces passions, car alors
ils rappellent ces verres grossissants qui permettent de suivre les fils d'un écheveau, à la manière
d'un microscope qui agrandit artificiellement
l'objet observé devant les yeux attentifs de l'observateur.*

*Nous savons que nous ne devons pas juger
Cicéron d'après Salluste, ni l'archevêque de*

Lima d'après le marquis de Cañete (1); au contraire, le silence de l'un, les invectives de l'autre,
sont des preuves qui permettent de juger la mémoire de leur ennemi.

Parmi les documents publics, on trouve de
copieux dossiers de services, fournis pour obtenir
des récompenses, des pensions ou des dignités.
C'est là un terrain suspect où prennent leur vol
la fantaisie et la vanité. Qui n'est pas un Achille
ou un Ajax dans ces relations-là? Il y eut toujours de nombreux témoins pour soutenir la
vérité d'actes d'héroïsme. C'est avec raison
qu'un auditeur disait au Monarque : « Veuillez
vous méfier, car, entre témoins et intéressés, il
y a beaucoup de collusion en matière de services
qu'on prétend avoir rendus à votre Majesté. »

IV

Dans les sources historiques du siècle de la
conquête, il faut déplorer l'absence de papiers
privés, explicable sans doute par les hasards de

---

(1) Hurtado de Mendoza, marquis de Cañete, troisième
vice-roi du Pérou, au XVIe siècle ; il y eut 3 vice-rois, au
Pérou, de cette famille.

la vie et par l'ignorance générale qui allait si loin que le plus grand nombre des capitaines ne savaient pas écrire.

Pour arriver à entrevoir l'âme des cités naissantes qui n'étaient que des nids humains bâtis de paille et de boue, exposés aux vents et aux tempêtes, il subsiste certains documents qui approchent de l'intérêt des précédents : ce sont les procès privés, les procédures criminelles et les testaments.

Dans les procès privés, la sensibilité se montre à nu ; ces conflits se déroulent en général au sujet du droit à une commanderie ou à un domestique indien.

Nous croyons voir les yeux épouvantés de cet Indien qui assiste au débat acharné, dans lequel lui, qui est l'objet du procès, figure à peine comme un témoin.

Les poursuites criminelles se forment à l'occasion de diffamations, de meurtres, de blasphèmes, de sorts jetés. Le sang n'est pas refroidi, les passions ne sont pas endormies, et, au moment où l'on y pense le moins, apparaissent querelles, rixes, agressions, assassinats.

Le testament est un document précieux. Sa lecture émeut comme un drame; tout ce qu'il dit est la vérité. Là se voit l'âme fière et dévote, hautaine et soumise à la fois, du guerrier et du *pécheur qui croient en Dieu et en ses châtiments, à la veille de les subir.*

Dans ce lion qui va mourir, on reconnaît le cœur qui força beaucoup d'adversaires à se rendre et qui ne se rendit jamais; mais on le sent accablé par la fatigue d'une vertigineuse existence; dans ces yeux, qui vont s'éteindre, brille un instant la flamme de la race qui lutta, pendant plus de sept siècles, contre les ennemis de sa foi.

Voici une autre source précieuse, malheureusement rare : les mémoires secrets des ordres religieux. Il y a des papiers d'une autre origine qui ont ce même caractère, comme les notices de Jorge Juan et d'Antonio de Ulloa (1), mais c'est là une exception.

A ce genre se rattachent, par exemple, les instructions du père Matias de San Martín sur des cas de conscience de commandeurs. Les espèces qu'elles exposent et résolvent montrent les scrupules dont la torture amenait les conquérants au confessionnal.

---

(1) Ces deux célèbres navigateurs et savants du XVIIIᵉ siècle écrivirent, avec des observations secrètes à l'appui, des ouvrages de géographie historique sur les divers pays de l'Amérique espagnole.

V

La source classique, ce sont les relations des chroniqueurs et, certainement, nous pouvons être satisfaits de les posséder, car elles sont abondantes, variées, inégales en valeur et en intérêt, mais sûres à cause de leur ingénuité et de leur prolixité.

Beaucoup de ces chroniqueurs furent acteurs dans les événements qu'ils relatent, tels Bernal Diaz, Alvar Nuñez, Jerez, Zárate (1); d'autres sont des historiographes officiels, accrédités à la Cour, désireux de faveurs nouvelles, mais tous, sauf quelques exceptions, sans chaleur et sans vie, sont d'une psychologie simple et d'intentions transparentes qui ne nous trompent pas.

Aucun d'eux ne dépasse, quant à ce charme de primitifs que leur donnent l'absence d'art et la fraîcheur naïve, le vieil homéride Bernal Diaz del Castillo, tout débordant de réalisme; en deux lignes, il raconte, sans un frémissement, un acte d'héroïsme, une catastrophe, une douleur mortelle, une vie dressée, intacte, devant le danger et la mort.

---

(1) Ces divers personnages du xvi⁰ siècle étaient à la fois chroniqueurs et conquérants.

L'Espagnol conserve cette ancienne vertu, déjà signalée par Sénèque, d'une rude franchise quand il parle de son pays. Bien des documents de l'histoire de la conquête en témoignent; cette qualité brille, d'une façon singulière, dans les œuvres du père Bartolomé de las Casas, de Jorge Juan et d'Antonio Ulloa. Un obscur chroniqueur reproche à ses confrères la bénignité de leurs jugements et il dit : « Ceux qui vont en Espagne racontent des mensonges à la Cour et ceux qui disent la vérité se découragent parce qu'on ne les croit pas. »

Mais tous les chroniqueurs ont écrit une page, un passage, une ligne, où, sans aucune arrière pensée et sans y songer, ils donnent à l'historien une lumière éclatante qui lui permet de plonger dans l'obscurité du passé.

« Le vice-roi, dit un auditeur, en 1557, est mal avec moi, parce que, deux fois, je ne suis pas allé entendre la messe dans sa demeure, où je dois attendre son lever, appuyé contre une fenêtre, et ensuite, pendant la célébration, appuyé contre un mur. »

Comme interprétation de la vie péruvienne, ce passage est-il égalé par cent pages qui décrivent la bataille de Salinas (1) ou de Xaquixaguana (2) ?

Mieux que dans une prolixe analyse psycho-

____

(1) Almagro y fut défait par Francisco Pizarro.
(2) Gonzalo Pizarro y fut vaincu, puis fait prisonnier.

logique, nous voyons l'orgueil et l'humeur querelleuse de l'époque dans l'incident du coussin de
doña Ana Velazco, épouse du Maréchal Alonso
de Alvarado; une dame le lui ayant enlevé dans
l'église, elle provoqua une représaille sanglante
de la part du redoutable et infortuné Maréchal.

Quand l'auditeur Santillán marie son neveu
Hernando avec une fillette de dix ans, qui a un
procès pendant devant son tribunal, et prépare,
en secret, la révocation d'un jugement par lequel
la mariée perdait une riche répartition d'Indiens,
à Arequipa, nous voyons apparaître, sous de
vives couleurs, cette société, qui vivait exclusivement de l'exploitation des indigènes.

Combien une anecdote ou un dialogue nous
dépeignent complètement le fond d'une époque
ou d'un personnage!

Quand le marquis de Cañete déclare : « Celui
qui a laissé en Espagne Marguerite et Inesita
— ce sont ses filles — doit chercher ici de quoi
leur envoyer des subsides; » et quand le vice-roi,
comte de Nieva (1), octroie des fonctions, dans
des villages lointains, à Iñigo Ortiz, pour qu'il
laisse, à Lima, Luisa de Villagra, sa belle épouse,
nous en savons assez sur l'honorabilité de l'un
et sur la moralité de l'autre.

Parfois, les articles d'un compte dépassent en

______

(1) Quatrième vice-roi du Pérou

valeur documentaire, pour la pénétration de l'histoire, un long chapitre plein d'érudition

Comme preuve de la réglementation financière de la conquête et des richesses, si vantées, que les rois retirèrent d'Amérique, avons-nous besoin d'autre chose que des documents et des travaux des fiscales (1).

Le fiscal, Fernandez, de Lima, nous avise que Miguel Corneja, trésorier d'Arequipa (2), laissa en mourant, sa caisse vide; celui de Potosí, Hernándo de Alvarado, resta débiteur de 20.000 pesos (3); son successeur, Diego de Ibarra, en moins de deux années, eut un déficit de 5.500; à sa mort, le trésorier Alonso de Riquelme devait 3.200 pesos, et celui de Lima, Alonso de Almaraz, fut en débit de 26.500, en moins de deux années.

Le mauvais exemple vient d'en haut. Cortés fut condamné à payer 100.000 maravedis (4), pour avoir fait inscrire de l'or sous le nom de Francisco de Santa-Cruz, et l'avoir embarqué comme appartenant à cet homme.

Le père Tomás de Berlanda ouvrit une infor-

---

(1) *Fiscal* : le procureur du Roi.
(2) Une capitale de province du Pérou.
(3) Le *peso* américain, écu d'argent, correspond sensiblement au *douro* espagnol de cinq pesetas.
(4) Le *maravedis*, en dernier lieu, représentait la 34e partie du *real* de billon, qui équivalait lui-même au quart de la *peseta*.

*mation sur les concussions de Francisco Pizarro;
et de nombreux témoins fournissent des renseignements sur les faits qui ont dû entraîner une
semblable mesure.*

*Mais, en revanche, la Cour suspendit l'exé-
cution d'un autre jugement rendu contre Cortés
et le releva de l'obligation de rembourser 12.000
écus d'or que le conquérant avait dépensés à
jouer aux cartes pendant la guerre.*

*Un semblable mode de comptabilité était jugé
avec bienveillance, et peut-être pour de bonnes
raisons.*

VI

*Dans un des essais, écrits pendant sa jeunesse,
Taine a dit que, derrière l'historien, se tient
l'érudit qui recueille, le critique qui vérifie, le
philosophe qui explique, mais que derrière eux
tous reste caché le poète qui raconte.*

*La vérité historique, vivante, animatrice, ne
s'échappe pas des documents emmagasinés par
l'érudit, ni du furetage de l'antiquaire, ni des
ambitieuses généralisations du philosophe, mais,
telle une étincelle, elle jaillit des affinités de l'intuition avec les faits.*

*Ce n'est pas de nouveaux documents qu'a
besoin l'histoire d'Amérique mais bien d'un historien capable d'une perception de reconstruc-*

teur, qui, à une intuition native, aiguë, ajoute
une conscience disciplinée, un profond amour
de la vérité et une foi ardente dans la vie et
dans l'avenir de l'humanité. Dès que cette foi
fait défaut, la vérité devient déplaisir et séche-
resse, aigreur ou intempérance, parce qu'elle
n'est plus qu'un masque pour le désenchantement ou la misanthropie.

La vérité historique n'est pas, comme l'astro-
nomie ou la géologie, une vérité en soi. C'est
une vue perspective qui regarde l'avenir du haut
d'une fenêtre, c'est-à-dire littéralement : une
prospective. Si nous fermons la fenêtre, elle dis-
paraît. La vérité historique doit marcher sur les
pas de la vie.

Voilà ce que j'ai désiré pratiquer dans le livre :
« Le Salut de l'Amérique Espagnole » qui paraît
en même temps que celui-ci.

Le sentiment le plus intime, le postulat essentiel
de l'humanisme — des humanités — c'est
d'aboutir à la solidarité, à la perfectibilité des
hommes. C'est de cette idée-là que l'humanisme
tire sa dignité.

L'histoire présente cette polarité sentimentale
et morale : l'ascension humaine par le moyen
de l'intelligence, mais elle doit être fondée sur
la vérité, car si elle n'est pas nourrie de cette
sève, l'histoire n'est qu'un décor suranné.

Si l'adulation dissimule cette vérité, si la vanité

de nation ou de race la corrompt, si les préjugés d'école l'obscurcissent, si l'effort est lésé par péché de fausseté, l'histoire ne fera que mettre en lumière ce qu'elle a voulu dissimuler.

Dans la vie des historiens des Indes, il y a un antécédent qui mérite d'être rapporté.

Le comte de Puñonrostro — petit-fils du conquérant Pedrarias Dávila, qui fut gouverneur de Terre Ferme (1), fondateur de Panama, beau-père et meurtrier de Vasco Nuñez de Balboa — intenta un procès à Antonio Herrera, le chroniqueur des Indes, pour certains jugements assez peu favorables portés par lui sur son valeureux grand-père, lequel n'en mérita jamais de meilleurs.

Herrera défendit la dignité de sa profession en ces termes : « On doit tenir compte de l'honneur du chroniqueur, qui a écrit son histoire avec des documents apportés des Indes ; s'il y a des pièces nouvelles qui démentent les premières, dès maintenant et sans qu'il soit besoin de procès, cet historien se déclare convaincu. »

Les docteurs Sobrino et López Bolaños, à qui fut soumis le cas, déclarèrent que : « Herrera, en disant la vérité, s'était conformé à la règle de sa profession. »

Voilà des paroles qu'il n'est pas mauvais de transcrire en tête de ces pages.

---

(1) Terre Ferme, région s'étendant, entre les deux mers, de Carthagène des Indes à Costa-Rica.

CHAPITRE I

L'Italie et l'Espagne dans la découverte de l'Amérique

I

Nous ne traitons pas ici de la nationalité de Colomb, sujet qui, étant donné la forme de la polémique qu'il a soulevée, intéresse plutôt la vanité de chaque ville que les conséquences historiques du fait.

Quelle que soit la vérité, elle n'enlèvera rien ni n'ajoutera rien à la gloire de l'Espagne ou de l'Italie.

Colomb aurait-il vu le jour en Syrie ou en Irlande, la découverte de l'Amérique sera toujours un exploit éminemment latin. Toujours l'Italie sera la promotrice originelle de la trouvaille des Indes.

Nous pouvons maintenir ces conclusions, quand même prévaudrait une autre théorie qui a pro-

voqué, elle aussi, une ample bibliographie :
celle qui nie la suggestion de Paolo del Pozzo,
Toscanelli, le physicien florentin ; suggestion
qui, d'après certains, aurait décidé Colomb à
rechercher l'Orient par l'Occident ; ils sont allés,
on le sait, jusqu'à nier l'existence de ce Mentor.
Les livres d'Henri Vignaud (1) et de Cesare de
Lollis (2) maintiennent cette dispute. Vignaud a
soutenu que Colomb n'a pas cherché l'Asie et
que les lettres de Toscanelli sont apocryphes.

II

Mais si Colomb n'est pas Génois et si Toscanelli n'a pas existé, que reste-t-il d'italien dans
la découverte ?

Dans cette entreprise insigne, il y a deux traits
essentiels, deux élans de qualité et de portée
différentes, qui escaladent une cime pour des-
cendre l'autre versant.

Le trait héroïque et aventureux est espagnol.

Les paladins, dont la troupe accompagna et
suivit l'auteur de la découverte, sont des figures
épiques. Ils se lancèrent un jour à travers la mer
dans l'inconnu ; puis, durant un siècle, ils bra-
vèrent le mystère d'un continent. La légende les

____

(1) Le vrai C. Colomb — A. Picard, Paris, 1921.
(2) *Colombo, nella legenda e nella storia*. Milano.

rechercha toujours comme ses fils de prédilection.

Mais il y a un autre trait dans la découverte : l'objet dans lequel elle fut conçue, les besoins qui l'ont suscitée; la température sociale qui fit mûrir le projet, les raisons économiques, profondes, qui lui fixèrent son heure dans l'histoire.

Cela est franchement italien. C'est l'Italie qui, depuis le XIIIᵉ siècle, a produit les navigateurs précurseurs des découvertes : Perestrello, Nolli, Alviso de Mosto, au service du Portugal; les Zéno et les Polo, qui voyagèrent jusqu'aux extrémités du monde; Montecarvino, Pardenone, Marignali, Conti.

Elle fut autre encore l'œuvre de l'Italie : son aptitude pour le négoce, révélée pendant les croisades; sa domination sur les marchés de l'Orient avec ses comptoirs de Tana, Caffa et Péra (1), ses constants perfectionnements dans l'art des constructions navales. Ce n'étaient pas là des faits accidentels, c'était une action spontanée qui provenait du rôle d'intermédiaire que jouait l'Italie entre la consommation de l'Europe et la production de l'Asie : voilà l'impulsion qui conduisit à la découverte de l'Amérique.

Le pays qui jouait ce rôle savait bien quelle

------

(1) Tana, sur les bords du Tanaïs, le Don ; Caffa, en Crimée : les deux, entrepôts de Gênes ; Péra, le faubourg de Constantinople.

était la grandeur des intérêts que représentait ce trafic, et il pouvait mesurer la gravité que comportait la chute de Constantinople qui faisait obstacle à ses efforts.

L'Europe, au cours du XVe siècle, avait vu l'expansion extraordinaire des produits de consommation, amenée par l'éveil des classes moyennes, dès qu'elles recoururent à l'usage de marchandises et de produits qui avaient constitué, durant des siècles, le monopole des seigneurs et des féodaux.

L'Italie dut voir s'affirmer ces grands phénomènes dans les commandes et les opérations des livres de ses commerçants, et dans le trafic de ses ports et de ses bateaux. C'est elle, en outre, qui représentait le mieux la transformation sociale que provoqua l'apparition de ces classes moyennes et bourgeoises, laborieuses, ingénieuses, calculatrices et savantes, appelées à supplanter la noblesse guerrière, ignorante et fastueuse.

C'est pour cela qu'ont germé en Italie les sciences naturelles et positives, les inventions pratiques et utiles qui encourageaient et armaient des instruments nécessaires l'entreprise que l'intrépidité espagnole devait réaliser.

Si Toscanelli est une figure légendaire, comme cela arrive toujours la légende fait prendre corps à des forces idéales, Toscanelli devait être l'expression, le nom qui symbolise l'idée, la réflexion ; la voix qui, de l'ombre, décide à l'action et enflamme le courage.

Colomb montre bien en lui ce caractère méditatif, ce regard inspiré et profond qui constituent l'influence vitale de la glorieuse découverte.

Même si Colomb, qui avait le visage allongé, les cheveux roux, le teint semé de taches de rousseur, *sub flava cæsaries*, n'était pas né en Italie, psychologiquement c'était un Italien, le vrai fils d'un pays qui incarnait le sens de la réalité, l'amour de l'observation, l'ardeur scientifique et la sagacité prudente et maîtresse d'elle-même.

Si, d'un côté, en Italie, avaient fleuri les lettres, le commerce, les sciences naturelles et cosmographiques, d'un autre on y avait vu, à la suite de cette froideur et de cette finesse même qui caractérisent l'esprit scientifique, prospérer l'incrédulité, l'épicurisme, la « médiocrité bourgeoise », le raffinement qui fuit la rudesse et à plus forte raison l'héroïsme.

Pendant que l'Espagne rêvait à cette œuvre fantastique de la monarchie universelle, l'Italie se livrait à ces calculs de « balance » qui étaient l'axe de sa politique depuis plus d'un siècle, mesurant, jour par jour, les forces de la Papauté, de Naples, du Milanais et de Venise ; un léger déséquilibre, en effet, pouvait ouvrir, de part en part, les portes du pays à l'invasion étrangère.

La civilisation italienne, raffinée et mûre, était un arbre qui arrivait à son automne et qui devait chercher, dans un autre terrain que son propre sol épuisé, le printemps qui ferait germer l'avenir ambitieux de ses semences.

III

Colomb figura la transfusion du génie italien dans le génie espagnol.

L'Italie avait reçu, comme un héritage gratuit, le fruit pratique des croisades, épopée à laquelle elle ne participa qu'en qualité de fournisseur de cette foule de peuples enfiévrés par la foi, qui défilaient vers la Terre Sainte.

Pendant que se ruinaient les gens d'action qui traçaient ainsi les chemins de l'Occident vers l'Orient, l'Italie conquit richesse et culture, et de la richesse et de la culture lui vint le raffinement qui absorba la virilité de son âme. A présent, les rôles vont être changés.

L'Italie, avec la science, son commerce, son ardeur à naviguer et à fonder des comptoirs, va donner à l'Occident de nouvelles destinées ; éclairée par sa lucidité extraordinaire, elle va s'ouvrir un autre chemin ; la conséquence, c'est que, pendant des siècles, elle restera dans l'obscurité ; la Méditerranée, en effet, qu'elle avait gouvernée en maîtresse unique et sillonnée de ses *dromoni* et ses *sotilli* (1) qui transportaient la fortune du monde, va être dorénavant un lac endormi.

Le cycle inauguré par l'épopée des Croisades va se clore par une autre prouesse équivalente: la Découverte.

Ces deux termes extrêmes délimitent, comme deux colonnes, le tableau de la splendeur italienne, avec ses luttes pour la liberté d'abord, ensuite avec son labeur dans les sciences et dans les arts, qui atteignent les sommets avec Léonard, Michel-Ange et Raphaël.

L'entreprise gigantesque porte en elle-même l'empreinte des deux forces qui lui donnèrent l'impulsion.

L'héroïsme espagnol se prolonge pendant le temps nécessaire pour triompher et pour commander. La conquête de l'Amérique sera une œuvre surhumaine, mais gardant toujours le ferment que l'Italie y jeta. Dans l'avenir, l'Amérique sera surtout le grand comptoir dont l'Europe a besoin et dont l'Italie a eu l'intuition.

De même que le monde féodal gagna avec les Croisades une gloire qu'il paya de sa ruine, l'Espagne achètera la sienne, au prix de son appauvrissement séculaire.

---

(1) *Dromoni* et *sotilli*, noms des bateaux dont Gênes et Venise se servaient à cette époque-là.

IV

Né en Espagne ou en Italie, Colomb fut, par l'esprit, avant la découverte, un Italien et, après la découverte, un Espagnol.

Personne ne saurait confondre le découvreur avec les grands hommes que l'Espagne produisit dans le même siècle.

A quelle distance du Grand Capitaine (1), de Cortés, de Pizarro, se trouve Colomb avec sa sérénité, son esprit d'épargne, sa studieuse persévérance ! Ce qui, chez les premiers, est éclatante intrépidité, devient, chez celui-ci, silencieuse et endurante énergie. Maintenue sous les armes, dans l'unanimité de sa foi, l'Espagne est une nation qu'anime la passion religieuse et que met en mouvement la voix d'un roi unique.

Le paladin ascétique et le moine guerrier sont ses « personnages dominants. »

Il suffit d'un seul geste pour signaler à la troupe la muraille ennemie à escalader, car elle est heureuse de sacrifier sa vie dans la téméraire entreprise.

Pendant ce temps-là, la vie italienne peut être représentée par un homme au vaste front qui,

---

(1) Gonzalve de Cordoue, *el Gran Capitán*.

serein et las, parmi des tapis d'Orient, feuillette, de son index effilé orné d'un camée, des manuscrits qui sont arrivés, parmi des ballots d'épices et d'étoffes, de Caffa ou de Smyrne; par moments, il tourne alternativement ses regards vers la porte de l'appartement par où la trahison peut pénétrer en secret, ou vers la fenêtre qui laisse voir, parmi des arbres et des rosiers pousés le long du canal, une cavalcade galante ou une ambassade venue pour traiter de la vente d'une ville; là on peut voir encore des groupes de causeurs à l'air reposé, qui s'expriment dans toutes les langues et portent parfois des costumes exotiques, en train de se promener sur les bords de la mer, dans le port de Venise, d'Ancône ou de Naples.

C'est de cette ambiance que sort Colomb, avec sa culture profane, son astrolabe, sa mappemonde de Martin Behain, ses cahiers nautiques, ses précautions bourgeoises qui le font penser, deux fois, à la Banque de Saint-Georges, l'amènent à donner à son fils des conseils prolixes sur des règlements financiers et à faire l'éloge de « l'or excellentissime dont se fait un trésor », suivant sa propre expression.

Que nous sommes loin des comptes fantaisistes du Grand Capitaine (1).

-----

(1) Les comptes du Grand Capitaine sont passés en proverbe, en Espagne.

Mais bientôt nous allons assister à de curieuses transformations : d'un côté l'espagnol Alexandre Borgia va, de son siège papal, devenir le parfait symbole de l'Italie de ce moment-là, et il donnera à l'histoire, avec César Borgia, l'archétype de l'âme de son siècle.

Pendant ce temps, Colomb s'imprègne du caractère espagnol et, après la découverte, il devient un mystique, un illuminé espagnol ; dans le naufrage de Bobadilla il voit un châtiment du Ciel ; après son second voyage il porte dans les rues de Séville la robe franciscaine, et pendant le quatrième il entend la voix de Dieu, à Veragua (1), au cours de cette tempête qui dura quatre-vingt-huit jours.

A présent, il n'est plus l'observateur méticuleux et avisé qui reconnaît l'inflexion des lignes isothermes, l'influence des courants maritimes, les variations de la boussole et l'action de l'altitude sur le climat.

La découverte est maintenant un miracle : « Ce ne sont pas les mathématiques, ni la mappemonde qui me furent utiles ; simplement s'est accompli ce qu'avait dit Isaïe... » Désormais, il n'a d'autre but que de réunir les fonds nécessaires pour la conquête de Jérusalem.

Quand Laurent le Magnifique, qui incarne la

____

(1) C'est à Veragua, pendant son 4ᵉ voyage, que Christophe Colomb tomba en extase et entendit la voix de Dieu.

plénitude du pouvoir, la passion de la nature et de l'art, l'amour de la gloire de son pays et de son siècle ; quand ce protecteur de Léonard, fidèle à la tradition de son aïeul, qui avait protégé Toscanelli, meurt vers l'âge de 44 ans, en avril 1492, entre les délices de sa villa de Careggi et ses conversations sur Platon avec Ange Politien, il semble que la sombre prédiction de Savonarole va s'accomplir et que la gloire de son pays va s'éclipser.

Peu de temps après, la capitale du monde sera mise à sac, et elle verra souiller de sang humain les ornements sacrés de ses églises.

Mais, au mois d'août de cette même année 1492, un autre Italien — ou tout au moins la science ou l'inspiration italiennes qui ont créé l'ambition cosmopolite pour laquelle *il mondo e poco* (1), — déposera, sous le ciel nouveau de l'Amérique, l'impérissable germe de la race latine. Et il le fera, conduit par la foi et l'héroïsme de l'Espagne, seul pays capable, dans l'Europe de ce temps-là, de réaliser le *tantœ molis erat romanam condere gentem* (2) et de donner à sa race un abri qui protègerait sa vocation d'éternité, ainsi qu'il arriva pour les pénates sacrés d'Ilion dans le poème virgilien.

---

(1) Le monde est petit, en italien, paroles de C. Colomb.
(2) Tant il était difficile de fonder la nation romaine : *Enéide*, I, 33.

LA TRANSFORMATION
DU CONQUÉRANT

CHAPITRE II

Le Milieu Nouveau

I

L'influence qu'un milieu nouveau exerce sur
un nouveau venu fut une expérience qui ne put
se développer pleinement avec la petitesse et le
défaut de communications du monde antique.

Dans son épître onzième, étranger aux soucis
d'une vie agitée, Horace démontre à Bullatius
l'agrément de la quiétude, nourrice de la sagesse,
et il met en valeur l'erreur que commet quiconque cherche sous de nouveaux cieux une âme
nouvelle : *Cœlum non animum mutant qui trans
mare currunt.* (1)

Italien avant la découverte, Espagnol après,
Colomb est un phénomène psychologique, précieux parce qu'il démontre jusqu'à l'évidence la

____

(1) Ils changent de ciel mais non pas d'âme, ceux qui
traversent la mer.

vérité contraire.

Il avait suffi, pour opérer le changement, que le héros traversât la faible distance qui va d'un bord à l'autre d'un golfe qui lui était familier.

Le mimétisme de Colomb, qui s'assimile l'âme espagnole, va se convertir en un fait collectif, en un phénomène social et moral qui, pour la première fois peut-être, se montre dans l'histoire avec une ampleur semblable.

Un soldat de Cortés, le chroniqueur véridique de la découverte et de la conquête du Mexique, Bernal Diaz del Castillo, raconte un événement qui impressionna vivement le conquérant et sa troupe héroïque, dans les commencements de la conquête.

Convaincu par les déclarations répétées d'un Indien de Cozumel, le général sut que deux Espagnols étaient captifs d'une tribu et il chercha à les libérer.

Ayant fait naufrage huit ans auparavant, pendant le voyage de Nicuesa (1), du Darien (2) à Saint-Domingue, quinze hommes et deux femmes étaient tombés au pouvoir des sauvages ; deux d'entre eux seulement avaient échappé au brutal massacre de leurs compagnons.

L'un d'eux — il se nommait Jerónimo Aguilar — courut à la rencontre du brigantin espa-

____

(1) Conquérant espagnol.
(2) Golfe en Colombie.

gnol qui allait à leur recherche et, conduit en présence de Cortés, il lui raconta que l'autre naufragé survivant, son compagnon, Gonzalo Guerrero, avait préféré rester où il était.

Aguilar rapporta à Cortés que, au moment où il partait pour aller à sa recherche, Guerrero lui avait parlé ainsi : « Frère, je suis marié, j'ai trois enfants ; ces gens-là m'ont choisi comme cacique, et comme capitaine quand ils ont une guerre. Allez avec Dieu ! Pour moi, j'ai la figure tatouée et les oreilles percées. Voyez-là mes trois petits enfants ! Ne sont-ils pas mignons ? Je vous en supplie, donnez-moi pour eux ces perles vertes que vous portez. »

Aguilar insista, d'après ses déclarations, en lui rappelant qu'il était chrétien ; pour une Indienne il ne devait pas perdre son âme ; s'il considérait ces gens-là comme sa femme et ses enfants, il n'avait qu'à les emmener avec lui. Mais il eut beau prodiguer paroles et remontrances, l'autre ne voulut pas le suivre.

D'après des faits concordants, on put savoir depuis que, lors de la première expédition de Hernández de Córdoba sur les côtes du Mexique, ce fut ce même Gonzalo Guerrero qui décida les Indiens à lui faire la guerre, et qui les dirigea comme capitaine.

« Ce Guerrero, ajoute le chroniqueur, était un marin, originaire de Palos. »

Les chroniques et les traditions de la conquête rapportent des faits semblables.

Alvar Nuñez raconte, dans ses « Naufrages », que cinq chrétiens furent réduits à une faim si extrême qu'ils se mangèrent les uns les autres : « jusqu'à ce qu'il n'en restât qu'un seul, qui, parce qu'il était seul, ne trouva personne pour le manger. » Ils se nommaient Sierra, Diego López, Corral, Palacios et González Ruiz.

« J'ai déjà dit, ajoute-t-il dans un autre passage, que dans toute cette région nous vécûmes tout nus, et comme nous n'étions pas habitués à ce climat, ainsi que le font les serpents, nous changions de peau deux fois par an. »

Un évêque de Tucumán réclame une évangélisation plus active, parce qu'il a observé que les Espagnols préfèrent vivre parmi les Indiens.

II

Ce retour du blanc à la vie sauvage n'est qu'un aspect plus visible d'un phénomène profond et général.

Nous savons déjà que, dans l'histoire de toutes les conquêtes, les vainqueurs subissent l'influence profonde des vaincus ; ceux qui triomphèrent avec les armes, dans la poussière du champ de bataille, sont envahis en esprit par ceux qu'ils ont asservis. Deux voisins ennemis se ressemblent plus que deux amis éloignés. C'est là ce que veut dire l'embrassement de deux lutteurs, dans l'arène.

Le phénomène américain est particulièrement remarquable, vu l'extension du théâtre de l'expérience et l'énorme distance qui séparait le peuple conquérant et le peuple conquis.

Si l'homme moderne, qui a modifié les conditions naturelles du climat en imaginant mille expédients pour tempérer la chaleur ou supprimer le froid, voit se transformer, à la suite d'un simple changement de résidence, sa santé, ses idées et même ses sentiments, nous pouvons nous figurer quel dut être le bouleversement profond des conquistadors du XVIᵉ siècle, en passant de la Castille ou de l'Estrémadure, pays plats, secs, terres de maigres vignes et d'oliviers lents à croître, aux régions tropicales où l'air est lourd, les pluies torrentielles, et la végétation exubérante.

Ils partent du petit pays compris entre le 36ᵉ et le 44ᵉ degrés, et bien des fois moins étendu que les premières contrées découvertes, et ils vont fonder une civilisation aux Tropiques, dans des climats inconnus et incléments, au milieu d'une nature agressive, où tout est démesuré, forêts, fleuves et vents, dont la faune est hétéroclite et extraordinaire, et où sévissent d'effroyables maladies.

L'alimentation, les vêtements, le séjour, tout cela est pour eux nouveau, inattendu, étrange, de même que le furent, bien souvent, les herbes des champs, leur propre corps qui pelait, les pluies diluviennes, comme dans une réapparition de l'humanité primitive.

Jamais peut-être ne fut soumise à si rude épreuve la nature humaine.

Humboldt dépeint, dans ses « Sites de la Cordillère » et ses « Tableaux de la Nature », le spectacle des zones de l'Amérique, où se déroulèrent les premières décades de la Conquête : côtes sauvages, savanes immenses, forêts primitives.

La *selva* américaine n'est pas la forêt épaisse et sauvage, pleine d'arbres vigoureux, qui se rencontre dans toutes les latitudes tempérées et froides.

En Amérique, la forêt est absolument impénétrable, parce qu'elle réunit les lianes grimpantes, les arbres qui la remplissent d'obscurité, les plantes arborescentes qui barrent le passage.

C'était un spectacle que l'Européen ne connaissait pas et que dans son langage il ne sut pas traduire ; il appela du nom de « *monte* » (1)

---

(1) *Monte*, en castillan, signifie encore, à la fois, montagne et forêt

— et jusqu'à présent il continue à le répéter —
à la fois ce qui est montagne et ce qui est forêt.

III

Devant cette nature nouvelle, Colomb, dans le journal de son voyage, montre une première impression d'éblouissement que ses lettres et ses relations devaient ensuite renouveler.

Il écrit dans son journal, le 21 octobre (1) : « Il y a ici de grandes lagunes et sur elles et tout autour s'étend une forêt merveilleuse. Ici et dans toute l'île, tous les arbres sont verts, et les herbes le sont aussi comme au mois d'avril en Andalousie. Et les chants des petits oiseaux ! L'homme voudrait, semble-t-il, ne jamais s'en aller d'ici. Et les nuées de perroquets qui obscurcissent le jour, et les oiseaux et les passereaux, de tant d'espèces, si différentes des autres : C'est une merveille ! Il y a aussi des arbres de mille espèces, aux fruits tous différents ; tous sentent admirablement bon. Et je suis le plus malheureux du monde de ne pas les connaître... »

Le Mexique, si justement appelé la Nouvelle-Espagne, présentait des caractères moins opposés à ceux du pays natal des conquérants ; cela

---

(1) Le 21 octobre 1492.

contribua sans doute à ce que, mieux que dans toute autre région d'Amérique, les germes importés par la conquête s'y enracinèrent et que, des filles de l'Espagne, elle fut celle qui ressembla le plus à sa mère .

Malgré tant de faveurs accordées par la Nature à la Nouvelle-Espagne, on y souffre comme dans la vieille Espagne de la pénurie d'eau et du manque de rivières navigables, constate Humboldt dans son « Essai sur la Nouvelle-Espagne ». L'intérieur du Mexique, ajoute-t-il (et en particulier une grande partie du haut plateau d'Anahuac) est dépourvue de végétation, et son aride aspect rappelle, en bien des parages, les plateaux des deux Castilles.

En général, dans la région équinoxiale de la Nouvelle-Espagne, le sol, le climat, l'apparence des végétaux, tout rapelle les caractéristiques des zones tempérées.

IV

Si l'apparition de la vie civilisée marche de pair avec l'adoucissement du climat de la terre, et si elle s'est développée historiquement dans les zones tempérées, il semblerait que donner à l'homme une ambiance torride comporte une régression.

C'est, sans doute, à cause de cela, d'après la remarque de Ratzel (1), que le passage de l'homme des zones froides aux zones torrides produit un changement beaucoup plus profond que le passage inverse.

Dans les régions tropicales, en compensation de leurs richesses, sont placées toujours, sur le chemin de leur conquête, des embuscades meurtrières. Combien d'efforts s'y brisèrent pendant le premier siècle de la domination de l'Amérique.

Mais ce n'est pas seulement cette sujétion, cette réadaptation forcée à de cruelles conditions de vie, qui constituent un bouleversement unique : ce qui d'un côté est resserrement, suppression, est de l'autre libération, déchaînement, débordement.

En supportant ces conditions nouvelles, le conquérant, en effet, en a tiré le droit de violer les entraves que la vie sociale a créées, en Europe, durant des siècles de civilisation ; les passions ont recouvré leur violence originelle. Puisque l'homme doit redevenir l'être de la Préhistoire, il en aura tous les attributs. La nature prend sa revanche de l'épreuve terrible.

La cruauté, la cupidité, la rapine si on veut, l'éveil effrayant des passions, la fièvre diabo-

____

(1) Auteur allemand de l'Anthropogéographie.

lique d'extermination, tout ce qui est imputé à ces hommes de fer qui subjuguèrent l'Amérique, ces problèmes psychologiques montrent la transparence de leur trame à la lumière de ces observations.

Leur incompréhension ou leur oubli a empêché la claire vision de l'histoire de la conquête américaine et explique les ardentes disputes provoquées par son étude dans les jugements des historiens.

Pour réfuter les accusations, les panégyristes des conquérants invoquent la nécessité des moyens qu'ils employèrent pour se défendre contre des sauvages sanguinaires et courageux ; ils rappellent toute la noblesse de cette race espagnole, justifiée par la toute récente guerre de Grenade ; et souvent même ils nient la vérité des récits sur lesquels ces imputations se fondent, en attribuant ces erreurs soit à l'aveuglement pieux du père Bartolomé de las Casas, soit à la malveillance et à l'hostilité d'écrivains étrangers.

Rien de cela ne paraît nécessaire à celui qui contemple les événements du point de vue suivant :

Les faits, sur lesquels les accusations se fondent sont véritables, mais les condamnations sont injustes. L'emploi du fer chaud pour marquer les Indiens et des meutes de chiens pour les poursuivre et les réduire sont des faits indéniables et suffisamment établis, mais de semblables procédés, et la cruauté qu'ils révèlent, ne furent pas seulement employés contre les peuples conquis, car ils s'exercèrent encore contre les Espagnols eux-mêmes, dans les guerres civiles qui éclatèrent promptement.

C'était donc là un bouleversement moral opéré par les conditions physiques de l'entreprise et qu'aurait subi, à un degré plus ou moins élevé, n'importe quelle autre nation conquérante ; cette transformation est celle que nous pourrions dénommer la « *tropicalisation* du blanc. »

Les conquêtes faites par l'Angleterre et par le Portugal servent à le démontrer.

Il se peut que dans le terrible réquisitoire de Burke — aussi bon philosophe qu'orateur — contre Warren Hastings, il y ait une reconnaissance de cette influence de l'Inde sur l'âme de l'ambitieux et intrépide gentleman qui, assis sur le banc des accusés, dans le Parlement anglais, entendit tomber sur lui des paroles brûlantes. Mais il est indéniable que, après un appel si élevé à la dignité humaine et devant un peuple si sévèrement jaloux du prestige de son Empire, des têtes comme celles de Pizarro et de Cortés n'auraient pas été épargnées par les Anglais.

Cette observation, qui ne présente aucune originalité comme principe mais seulement peut-être comme application, sert cependant à limiter

la portée de cet effort de dénigrement classique
tendant à trouver dans le sein même de la race
conquérante l'explication de son mode de vie en
Amérique

V

Nous ne devons pas chercher l'origine des qualités et des caractères de la vie sociale américaine dans ce qu'était la nation conquérante,
parce qu'entre les deux races s'interposa ce
théâtre nouveau qui vit se réaliser l'épopée et qui
en dirigea les péripéties et modifia le visage de
ses acteurs.

Nous débafrassons ainsi l'histoire d'une cause
abondante d'injustices.

Il est tombé dans cette erreur le déterminisme
positiviste, pour qui l'explication de la vie et de
l'histoire se trouvait, dans les profondeurs de
l'hérédité, puisque la science sociale était, à ses
yeux, un chapitre de la biologie, et la philosophie la vassale de l'anthropologie. L'ardeur de
cette tendance est démontrée par la théorie qui
a cru pouvoir chercher dans l'origine celtique
l'explication de nos caractères moraux, de même
que les aïeules découvrent dans les yeux de leurs
petits-enfants le regard d'un ancêtre lointain.

L'influence du milieu nouveau physique et social fut ici tout à fait oubliée.

Sous la loi du positivisme, le vague de cette hérédité fut le refuge de ces nécessités métaphysiques indomptables, avec lesquelles déjà Aristote a défini l'homme.

Ils sont dans l'erreur, ceux qui voient dans Pizarro et Cortés des descendants du Cid, mais ils se trompent, eux aussi, ceux qui expliquent la cruauté du conquérant et la brutalité de la conquête, en croyant que, dans ces bandes conquérantes, ne partirent que des forçats ou des spadassins.

Ceux qui émigrent sont toujours des gens poussés par la valeur ou par l'ambition, car, si misérable qu'on soit, ces deux motifs peuvent, seuls, vous arracher de votre terroir natal. Il en fut ainsi pour la Conquête. Dans les enquêtes sur les états de services des soldats et des explorateurs, le lecteur se sent un peu désorienté quand des hommes de 40 ans racontent leurs vingt ans de hauts faits en Amérique.

Emigrer est un acte de jeunesse. Le jeune homme enrôlé à Cadix, Séville ou Palos, pour l'expédition d'Amérique, fera cette campagne épique des Indes fabuleuses en peu de temps ; il rappelle ces arbres des régions tropicales qu'il va étonner de ses prouesses, ces arbres qui, tout jeunes, poussent, en un seul printemps, une longue tige, support des frondaisons futures, et qui vite seront ornés de feuillages pendant qu'ils seront pleins de fruits et d'ombrages.

Cortés avait 19 ans quand il s'embarqua pour l'Amérique ; Cieza de León à peine 13 ; Gonzalo de Sandoval, capitaine de Cortés, avait 22 ans, et Andrés de Tapia 24 ; Lope de Aguirre, mort à 50 ans, avait passé la moitié de sa vie en Amérique.

Arrivé pendant sa souple jeunesse, le conquérant subit pleinement l'influence du milieu.

VI

L'action du milieu physique, accentuée par l'âge des conquérants, reçut l'aide de deux concours.

En premier lieu comptait la distance à laquelle le théâtre de la nouvelle formation sociale se trouvait de la métropole ; l'éloignement était aggravé par les hasards de la navigation et l'irrégularité de la longue traversée qu'il y avait à subir.

Supposons l'Amérique à une distance moindre de l'Espagne ou de l'Europe, l'influence du pays conquérant aurait été plus grande.

La suspension de tout contact avec la civilisation européenne devenait un stimulant pour la libre expansion de l'état passionnel que provoquait l'ambiance physique et morale du nouveau séjour.

Colomb aborda la partie insulaire de l'Amérique après soixante-dix jours de navigation, mais la partie continentale des vastes contrées à conquérir était beaucoup plus éloignée.

Le licencié La Gasca, qui vint pacifier le Pérou, mit, pour arriver à Santa-Marta (1), cent quatorze jours, du 24 mars au 15 juillet 1546, et en abordant, il ignorait la mort de Blasco Nuñez Vela, tué à la bataille de Anaquito (2), le 15 janvier, c'est-à-dire soixante-neuf jours avant son départ.

« Jamais, raconte un chroniqueur, on ne vit rapidité égale à celle que mit l'infortuné Blasco Nuñez Vela à faire en neuf jours la traversée de Panama à Tumbez (3). Il fallait de soixante à quatre-vingts jours pour franchir les 200 lieues qui séparaient Tumbez de Lima.

Pour aller à Portobelo (4) et en revenir, la flotte mettait environ six mois; ce parcours était semé de graves dangers, car on avait sans cesse à redouter tempêtes, pirates et flibustiers.

---

(1) Santa-Marta, sur la côte de la Nouvelle Grenade, à présent en Colombie.
(2) Anaquito, dans la région de Quito, dans l'Equateur d'aujourd'hui.
(3) Tumbez, ville située sur la côte du Pérou.
(4) Portobelo, sur la côte de Panama.

En second lieu, l'absence totale d'organisation sociale, en Amérique, pendant le XVI⁶ siècle, rendait plus profonde, comme étant plus directe et plus franche, l'influence du milieu.

Aujourd'hui, cette influence est modifiée, affaiblie grâce aux mille ressources avec lesquelles l'homme a réagi contre le milieu jusqu'à le transformer et à l'adapter à ses nécessités et à son esprit.

Cherchons les effets de cette transmutation morale et vérifions-la dans l'organisation sentimentale du conquérant pour en mesurer la profondeur.

Mais avant de le faire, disons, en résumant en quelques lignes les pages précédentes, que l'image qui peint bien la situation du conquérant de l'Amérique est celle d'un homme nu au milieu d'une tempête ; celle, au sein de la toute puissance de la nature, d'une plante ou d'une feuille agitées par tous les hasards de leur ambiance et filles du soleil et de la terre, de la pluie et de la glace.

Cette image de l'homme nu en présence des éléments, il n'est pas nécessaire de l'inventer, c'est là exactement l'épisode de Maître Juan, dans les îlots de la Serrana, situés dans la mer Caraïbe, entre la Jamaïque et la côte de Nicaragua.

Embarqués à Saint-Domingue, le samedi-saint

1528, nous raconte Maître Juan, sur le bateau de
Pedro de Cifuentes, qui portait des munitions
pour la forteresse de l'île Marguerite, ils firent
naufrage près des îlots précités. Les malheureux
naufragés étaient au nombre de trois ; l'un d'eux
mourut peu après. Dans son aventure à la Robin-
son, Maître Juan semble parfois dépasser, en
ingéniosité et même en souffrance et en force de
caractère, le personnage de la légende. Pour pouvoir boire l'eau de mer, il la mélangeait avec du
sang de loup marin. Il conservait l'eau de pluie
dans des coquillages.

Il appela, avec ses signaux, deux autres naufragés, perdus comme lui ; les quatre compagnons vécurent ainsi ensemble durant quatre
années.

Réunis de la sorte, après avoir réinventé le
feu, ils construisirent une barque, organisèrent
une forge, fabriquèrent un soufflet, puis ils se
lancèrent sur la mer. Dans le cours de cette aventure, deux des compagnons périrent ; les deux
survivants devaient vivre encore pendant trois
ans de plus comme des hommes primitifs. Ils
mangeaient des œufs de tortues; ils s'ingénièrent,
pour conserver du poisson, en construisant un
bassin ; avec des pierres et des peaux de bêtes
ils bâtirent une habitation. Quand les aliments
devenaient rares, les naufragés guettaient les cor-
morans pour leur enlever les poissons qu'ils

apportaient à leur nichée, et ils enlevaient aux louves marines, pour les manger, leurs petits qui venaient de naître.

Combien d'infortunés ne périrent qu'après avoir enduré ces souffrances extrêmes ! Combien de vies humaines sacrifiées en obscures victimes à la gloire de Cortés, de Pizarro, de Benalcazar (1) ou de Garay (2) !

(1) Benalcazar, conquérant de la Colombie actuelle.
(2) Garay, fondateur de Buenos-Ayres.

CHAPITRE III

La femme et la famille dans la conquête de l'Amérique

I

Au moment où l'Espagne terminait l'expérience séculaire de son contact avec les Arabes, quand lui venait le désir de purger son sang d'impuretés —illusion séculaire elle aussi — la découverte de l'Amérique la faisait se heurter contre des races nouvelles inconnues.

Les deux conflits eurent des caractères très différents.

Tandis que les Arabes furent des conquérants et restèrent, pendant près de huit siècles, en possession de leur conquête, les races américaines furent dominées, dès le premier moment, et finalement presque anéanties. Les premiers propagèrent leur culture dans le pays conquis ; pendant le dixième siècle s'épanouit la civilisation sans égale du Califat de Cordoue, sous Abderraman III et Alhaquen II. Les secondes races ne donnèrent rien à la race conquérante ; si elles furent, en effet, capables d'une culture avancée, comme le prétendent les panégyristes des Aztèques, des Incas et des Mayas, les fruits n'en purent être utilisés, car le premier acte de l'envahisseur fut de les détruire.

L'invasion des Arabes en Espagne et celle des Espagnols en Amérique se ressemblent cependant en ce fait qu'en immense proportion elles ne comprirent que des hommes.

Le *marrano*, le *mozárabe*, le *muladi*, le *mudejar* (1), voilà des termes qui caractérisent les divers degrés de pénétration réciproque des envahisseurs et des envahis.

Si le *mudejar* et le *mozárabe* n'ont pas d'appréciables équivalents en Amérique, au *muladi*, qui est un produit des deux races en Europe, correspondent le créole et le métis qui, avec leurs nuances nombreuses, furent le nerf et le muscle de la civilisation américaine.

Ces divers phénomènes se différencient substantiellement des caractères des invasions germaniques ; celles-ci furent composées de peuples et de familles et elles révèlent une culture nouvelle semée sur un terrain débroussaillé, tandis que notre Amérique naquit d'une poignée de

---

(1) Voir, dans l'Appendice du chapitre III, les notes sur ces termes de *marrano, mozárabe, muladi et mudejar.*

semences jetées à la volée pami les ronces et les halliers.

II

L'hybridation du blanc et de l'Indien commença dès le lendemain de la découverte.

Le fait mérite d'être établi numériquement. Les enquêtes, qui furent prescrites à la fin du XVIe siècle, dans toutes les villes et tous les villages du Nouveau-Monde, contiennent de précieux éléments pour ce calcul.

Nous n'avons pas besoin cependant de ces renseignements pour la connaissance et la généralisation d'un fait primordial.

Les membres de l'expédition de Cortés étaient cinq cent cinquante ; dans le catalogue biographique qu'en donne Bernal Diaz, bien qu'il ne les cite pas intégralement, nous avons compté neuf épouses espagnoles; d'autre part le chroniqueur fait allusion à cinq femmes qui moururent noyées.

Etait-ce là le total de la participation féminine à l'expédition ? Si ce chiffre n'est pas exact, il n'est pas fort éloigné de l'être.

Nous savons qu'il fut remédié à ce manque de femmes avec des Indiennes : Cortés, Alvarado, Nuñez de Balboa, tous les conquérants donnèrent à leurs troupes l'exemple d'avoir des concubines indiennes, auxquelles ils s'attachèrent avec le vif désir de trouver là un délassement qui pût compenser l'ardeur errante et aventureuse dont ils fournirent de si grandes preuves.

Diego de Almagro, le jeune, était le fils d'une Indienne de Panama, et Gutierrez de Santa Clara, d'une Indienne des Antilles. Quinze ans ne s'étaient pas écoulés depuis le débarquement de Pizarro et la découverte du Pérou que déjà un fils de l'Amérique obtenait le gouvernement de ce pays et qu'un second écrivait l'histoire des guerres civiles des conquérants.

Dans des instructions données à Pedrarias Dávila, en 1513, c'est-à-dire dans les commencements de la Conquête, le Roi ordonna de ne point priver les Indiens de leurs femmes et de leurs enfants ; il avait été informé que de « semblables excès ont été une des principales causes de troubles à Hispaniola (1). » L'année suivante on autorisa les mariages entre Espagnols et Indiennes. Pendant la répartition des Indiens faite par Albuquerque, dans le cours de cette même année, on constata qu'à Hispaniola il y avait beaucoup d'Espagnols mariés avec des Indiennes.

Las Casas vante la beauté des Indiennes. « Cette beauté est admirable, » dit-il ; dans la

____

(1) *Española* et *Hispaniola* étaient les anciens noms espagnols de Saint-Domingue, Haïti.

seule ville de Vera Paz (1), il en compte soixante mariées avec des Castillans.

Dès le premier moment, la Couronne se préoccupa de l'ébranlement moral causé, en Espagne et en Amérique, par l'abandon dans lequel les conquérants, durant de longues années, laissaient leurs femmes et leurs enfants, restés dans la Péninsule.

Le Roi imposa deux années de délai aux Espagnols mariés pour qu'ils revinssent chercher leurs épouses ; eux cependant s'ingéniaient pour se jouer du règlement, ainsi que le disait, en 1553, le *fiscal* Fernandez, de l'audience de Lima.

Pour pouvoir, les deux ans passés, s'excuser de l'absence de leurs femmes, ils employaient le procédé suivant : ils envoyaient une requête en Espagne pour sommer leurs femmes de venir en Amérique, mais, séparément, ils leur faisaient parvenir une réponse toute préparée pour qu'elles déclarassent : « ou qu'elles ne veulent pas venir, ou qu'elles sont malades, ou qu'elles n'osent pas traverser la mer. » Aussi soutenaient-ils ensuite qu'on ne saurait les obliger à l'impossible.

Il est fréquent de voir un procès pour sorcellerie intenté contre une Indienne qui retient le

____

(1) En Gualemala.

soldat de la conquête ; son épouse le relance, de
son petit village d'Estrémadure ou d'Andalousie, abandonnée et privée. de nouvelles, bien
qu'elle ait recherché le séjour de l'oublieux
d'Hispaniola jusqu'au Chili.

Là se révèle un coin très intime de la vie spirituelle de ce premier siècle de la conquête.

Par artifice de sorcellerie Samson est réduit
en esclavage par la Dalila brune et amoureuse,
qui, en qualité de bonne Indienne, est naturellement privée d'âme, mais qui ne se distingue des
femmes de Madrid, comme le rapporte un mémoire de ce siècle, que « parcequ'elle va toute
nue. »

L'absent découvert, le procès commence par
établir que le mari subit les sortilèges de l'Indienne dont la cabane a servi d'île de Calypso
à cet Ulysse, qui ne songe pas à revenir vers son
Ithaque et vers sa Pénélope !

L'exorcisme a dissipé l'enchantement, certifie
le notaire ; et le guerrier libéré retourne à ses
bandes et à ses courses, jusqu'à un nouvel et
prochain ensorcellement..

III

Dans le mémoire secret de Jorge Juan et
d'Antonio Ulloa, qui parlent deux siècles après la
conquête, les insignes voyageurs disent qu'elle

est exceptionnelle la famille où il n'y a pas de sang mêlé. « Les familles blanches, ajoutent-ils, sont rares ; si l'on pouvait enlever, chez les gens, le peu de sang espagnol que leurs veines contiennent il n'y coulerait plus que du sang d'Indiens et de nègres. »

Cortés eut des enfants de Marina, sa compagne de la première heure, puis d'une Indienne cubaine nommée Pizarro et d'une autre Indienne mexicaine. Elevé à la grandesse, il fit marquise del Valle doña Maria de Zúñiga. Pendant ce temps, sa compagne de la conquête, Marina, qui, telle une dame de la Cour de Louis le Grand, conserva toujours pour lui un inaltérable attachement, racontait à son mari, Juan de Jaramillo, les prouesses de son premier époux.

De même encore, Pedro d'Alvarado prit pour épouse Luisa, fille du cacique Xicotenga ; elle fut mère de Pedro et de Leonor d'Alvarado ; cette dernière se maria avec Francisco de la Cueva, cousin germain du duc d'Albuquerque.

Le gouverneur de Guatemala épousa successivement deux sœurs de la Cueva ; la seconde se nommait Béatrix.

Un fait qui alimenta l'avide chronique fantaisiste des villages d'Amérique, vers le milieu du XVI° siècle, nous donne un précieux tableau de l'intérieur domestique des conquérants.

Le 10 septembre 1541, durant un violent
orage de grêle, vers le milieu de la nuit, se précipita, sur Santiago de Guatemala, un torrent
d'eau et de boue, provenant de la montagne
voisine et provoqué par la pluie. La maison du
gouverneur fut démolie et tomba sur doña
Béatrix et ses suivantes. La fureur de la tempête
lança au dehors le chapelain, par la fenêtre de
son cabinet. Tenant embrassée Anna, fille naturelle d'Alvarado, doña Béatrix, demi-nue, se ré-
fugia dans l'oratoire qu'elle venait d'ériger en
mémoire de son époux, dont les funérailles pompeuses se terminaient à peine. Pendant ce temps-
là, accouraient à son aide, de leurs chambres,
Leonor, autre fille naturelle d'Alvarado, une enfant trouvée et une esclave blanche.

Les chroniques contemporaines, en accentuant
les détails de ce terrible événement qui fit des
centaines de victimes dans la ville naissante,
nous permettent d'assister, comme des témoins
qu'on aura peine à croire, aux péripéties de
cette scène dramatique.

Dans ce groupe sont réunis des personnages
qui symbolisent ce moment de la société américaine, l'épouse qui remplace la maîtresse quand
le conquérant est parvenu à la fortune ; la
bâtarde, qui évoque les obscurs commencements
du soldat anonyme ; la fille abandonnée d'un
conquérant et l'esclave blanche qui sera peut-

être la souche d'une illustre race du siècle prochain.

Mais le fait général fut celui de l'union définitive avec l'Indienne. Ils étaient peu nombreux ceux qui, comme Cortés ou Alvarado, pouvaient offrir à leurs femmes des situations de marquis ou de gouverneur.

IV

Si nous avions besoin de créer un symbole qui, à la manière de l'enlèvement des Sabines, rappelle, dans une allégorie, l'origine de la famille américaine, nous n'aurions pas à recourir à une fable ingénieuse ; il nous suffirait de détacher, de beaucoup d'épisodes semblables, les procédés des Indiens de Tabasco ou des caciques de Tlascala, que rapporte Bernal Diaz.

La scène est la même : à Tabasco on offre à Cortés, comme gage d'amitié, vingt jeunes filles vierges ; à Tlascala les caciques lui livrent leurs filles ; le général répartit ces femmes entre ses capitaines et ses soldats.

Ce mélange des deux races a eu une répercussion décisive sur la vie de l'Amérique.

Si les pénétrations, arabe en Espagne, espagnole en Amérique, commencent avec des procédés semblables, elles diffèrent par un trait capital.

Le *muladi* hispano-arabe était fils de parents qui se considéraient comme égaux. Le premier Emir épousa la Visigothe catholique Egilona et les rois arabes s'alliaient avec de nobles Léonaises.

Au contraire, pour le conquérant, l'Indienne fut simplement une proie, comme une pièce de gibier ou un minéral de valeur. Dans le cas le plus favorable le sentiment de l'Espagnol était le dédain.

De cette union ne pouvait donc naître une famille, au sens de la civilisation gréco-latine.

Nous pouvons dire de cette famille-là ce que nous dirons de la cité américaine : dans la cité provisoire vint habiter une famille provisoire. A la cité sans prytanée, sans culte pour son fondateur, correspond la famille sans pénates, sans eau lustrale, sans foyer sacré.

Une si grande disparité entre les parents empêcha la chaleur domestique qui se dégage d'une fusion spirituelle.

C'est cette chaleur qui grave dans l'âme de l'enfant comme avec un cachet, la tradition familiale. La tendresse en est le parfum. Le jeune garçon oublie cette tradition, mais l'homme adulte la retrouve un beau jour dans son propre cœur ; c'est un réseau subtil et solide, dont les fils se nouent invisiblement au passé, qui ainsi ne meurt pas, et ces liens continuent à se rattacher à l'avenir, qui naît et meurt chaque jour.

Le divorce entre les âmes se maintint pendant la colonisation. Il n'y eut pas d'écoles pour les femmes, privées ainsi de toute instruction : c'était là un aliment considéré comme dangereux pour leur santé morale.

La distance entre les parents est énorme : elle est formée par les différences de religion, de culture, de préjugés, d'inquiétudes, et même d'habitation à l'intérieur de la même cabane de paille, sans enceinte, sans muraille, comme un symbole des passions qui y séjournent.

Le défaut de communication intellectuelle entre hommes et femmes s'est prolongé jusqu'à nos jours, d'après les observations des voyageurs qui ont vu de près les familles hispano-américaines les plus attachées aux vieilles traditions. La femme y conserve un air de recluse, à l'apparence arabe, et elle ne se mêle pas à la société des hommes.

L'influence de la femme indienne d'abord, puis de la métisse, en s'exerçant dans la famille, se propagea au dehors sous la forme subtile d'influence intime qui est sa caractéristique, et elle imprégna la société toute entière de sa sentimentalité ! C'est dans les manifestations religieuses,

plus encore que dans les autres cas, que cette
influence se déploya plus ouvertement.

V

Un chroniqueur, au dessus de tout soupçon,
rapporte la façon dont les enfants des Espagnols
sont élevés au Pérou. « A peine né, dit le père
Reginaldo de Lizarraga, on livre l'enfant à une
Indienne ou à une négresse, buveuse, sale, men-
teuse, et l'enfant est élevé avec de petits Indiens.
Que deviendra le marmot ? Des mœurs de ces
enfants d'Espagnols et d'Indiennes que nous
appelons des métis, conclut le chroniqueur, il n'y
a pas à perdre son temps à en parler. »

Ne faut-il pas chercher dans cette source, en
suivant le cours de sa pente, ce goût pour les
soulèvements, cette tendance à l'anarchie, dont
est imprégnée l'histoire de l'Amérique ?

Ces caractères se revélèrent le lendemain de
la conquête. La guerre à mort, l'esprit toujours
prêt pour la discorde, les querelles fratricides,
l'état permanent de révolte, tout cela commence
avec Pizarro et Almagro, et, au Mexique, avec
Cortés lui-même ; tout cela démontre des animo-
sités plus fortes encore que celles que révéla la
destruction des Indiens.

« Les villes présentent, disent Juan et Ulloa, le

théâtre public de l'opposition de deux factions, les *cabildos* (1), où l'inimitié la plus irréconciliable déverse son venin et où les âmes se montrent embrasées par les violentes flammes de la haine. Même les maisons particulières ne sont pas de moindres foyers de haine ; ce serait peu que d'appeler purgatoire des âmes ces lieux-là, puisqu'ils deviennent l'enfer des individus. »

L'absence de la femme, du foyer de la famille, prive la société d'une source abondante de quiétude et empoisonne de bonne heure les flèches avec lesquelles l'enfant, devenu homme fait, ira à la poursuite de ses ambitions.

L'homme paie la société en la même monnaie qu'il reçut quand il était enfant.

Le maître d'école sait que ce gamin querelleur qui met le trouble dans sa classe est un orphelin ou un enfant trouvé. Qui n'a pas subi le frein paternel devient, en peu de temps, le mécontent qui tourne au factieux.

C'est avec ce levain que se pétrit le politicien anarchiste. Et prenons-y garde : celui qui n'apprit pas à obéir est le plus enclin à se montrer despote.

---

(1) *Cabildos* : Dans l'Amérique espagnole surtout le *cabildo* correspond à l'*ayuntamiento*, le conseil municipal ; le maire est toujours dénommé *alcalde* et les conseillers municipaux *regidores*.

C'est un mauvais guide que celui que personne n'a guidé.

L'anarchie et le despotisme sont la larve et la chrysalide du même papillon, qui figure la liberté vagabonde et romantique. A peine ses ailes ont-elles brillé au soleil qu'il tombe, conformément au cycle qui le prive de sa beauté et met fin à son essor.

VI

Les historiens naturalistes se réjouissent, au nom des destins heureux de l'humanité, quand ils pensent aux hécatombes d'Indiens que décrivent les chroniqueurs de la conquête de l'Amérique ; sans ces massacres, en effet, le Nouveau Monde serait encombré de millions d'hommes appartenant à des races considérées comme incurablement inférieures.

Il est possible que certain théologien, de cette école qui, au XV° siècle, forte de sa science a poussé à l'expulsion des Mores et des juifs, ait pensé de semblable manière, parce que de pareilles tueries purgeaient le monde d'infidèles.

Nous pouvons nous figurer un faux converti, des débuts du XVI° siècle, un disciple secret d'Averroès, un de ces hommes subtils et silencieux, qui savent dans tous les temps obtenir des situations privilégiées et des faveurs et qui alors en obtinrent de fort grandes ; derrière les plis d'un rideau, il observe, avec un froid sourire, une audience accordée par le Prince au père Bartolomé de las Casas, pendant que ce dernier, avec sa parole enflammée d'apôtre, lui raconte « la destruction des Indes. »

Le disciple d'Averroès sourit, parce qu'il sait que l'Amérique appartiendra aux fils de ces Indiens dont l'anéantissement était déploré par la grandiose et chrétienne éloquence du moine.

Ce fut là en effet, la revanche que prépara la race asservie. Ils ne pensaient pas les conquérants que, dans leurs massacres, peut-être parmi les victimes des meutes de chiens qu'on employait dans les Antilles, comptaient les aïeux de leurs enfants.

L'œuvre de la conquête, par suite du défaut de femmes blanches, fut confiée dans sa partie la plus intime, aux filles des Indiens, comme c'est le rôle de la femme et de la mère, dans toute les civilisations.

Le but fondamental de l'entreprise, l'évangélisation des contrées nouvelles, était dès lors mortellement compromis. Comment aurait-on pu avoir confiance en la mère indienne pour la prédication chrétienne ?

Et c'est ainsi que la christianisation de l'Amérique fut affaire de forme et ne pénétra jamais dans la conscience de la masse. Sommes-nous certains, après quatre siècles, d'être arrivés à faire de la religion chrétienne le *substratum* de l'âme américaine ? Nous verrons cela bientôt.

Mais, en attendant, la vérité est bien celle qu'on vient d'établir; elle ne ressort, ni d'une découverte de documents, ni d'une divination de voyants, mais elle se dégage facilement de faits d'observation générale:

CHAPITRE IV

Le Conquérant et l'Indien

Nous avons fait connaître un facteur fondamental de la vie morale de la nouvelle Société en
montrant comment se constitua la famille. Dans
un chapitre ultérieur nous envisagerons l'influence de la religion et de l'Eglise.

Voyons à présent l'importance de l'institution
de la commanderie d'Indiens qui forma la con-
texture de la vie économique.

Après la découverte de l'Amérique, l'Europe
fut remplie de légendes éblouissantes au sujet
des terres nouvelles. On vit un pontife interrompre son sommeil pour écouter le récit de la merveille, et Pomponio Leto qui connaissait le plaisir
exquis des secrets de l'antiquité classique put
enrichir sa sensibilité d'une émotion nouvelle
qui lui arracha des larmes.

La vision magique de l'Amérique affolait les
fermes et les métairies d'Espagne, même celles
qui n'avaient pas fourni les marins enrôlés dans

les premières expéditions. Les moins entreprenants se disposaient à défier les bourrasques des Antilles, attirés par l'invincible suggestion.

Arrivés dans ces cabanes de roseaux et de boue qui, sur la Terre Ferme ou à Hispaniola, devaient bientôt se convertir en « Très nobles Cités » avec écu et blason, impatients, ils entreprenaient des courses qui devaient les conduire, le jour où ils y penseraient le moins, à découvrir les Sept Cités, l'Eldorado (1), la Trapalanda (2), ou à se plonger dans la fontaine de Jouvence.

L'ouragan, la tempête, le tremblement de terre, remplissaient leur âme de mystiques pressentiments et leur semblaient annoncer l'imminence du miracle rêvé, comme les convulsions de la pythonisse précédaient les révélations de l'oracle.

Le père Marcos de Niza vit, à la tombée du jour, les coupoles de la première des Sept Cités, qu'ensuite il décrivit longuement ; les soldats d'Orellana entendirent, sur les bords du Marañon, la troupe des Amazones qui laissaient entrevoir leur charme païen à travers l'épaisseur de la forêt.

---

(1) Ces cités fantastiques furent supposées exister dans le Pérou d'abord, puis en divers lieux.

(2) La région imaginaire de Trapalanda fut placée au sud du Chili ou de la République Argentine.

Le père Blás del Castillo et Juan Sanchez Por
tero explorèrent le volcan Masaya, en Nicaragua et, montés au cratère, ils virent bouillonner,
dans le fond, l'or et l'argent, avec un éclat et
une splendeur extraordinaires. Ils estimèrent que,
de cette chaudière, devaient sortir les métaux
qui, par des galeries souterraines, se montraient
ensuite dans toutes les mines des Indes.

Rarement on a vu d'aussi clairs exemples
d'hallucination collective que dans la conquête
de l'Amérique.

Mais bien promptement devait s'évanouir
l'éblouissement que causait l'Amérique en tant
qu'il s'agissait de trouvailles fabuleuses, et les
espérances changèrent de point d'appui. La terre
finit par devenir plus irréductible que l'Indien,
et ce dernier se montra plus productif, surtout
s'il arrosait de ses sueurs les pierres des mines.

La commanderie et le travail servile des Indiens furent la revanche des illusions brisées.

II

La commanderie d'Indiens fut une institution
par l'intermédiaire de laquelle la Couronne d'Espagne aspirait à mener à bonne fin ses intentions primordiales : l'évangélisation des races
païennes.

C'était donc là une obligation que la Couronne imposait aux conquérants et aux colonisateurs, comme mandataires chargés de la tâche par elle assumée.

Pour que cet enseignement de la doctrine pût se pratiquer, il était nécessaire d'accorder aux commandeurs de l'autorité sur les Indiens. Voilà quelle fut l'origine du système.

La condition spirituelle des Indiens, le droit de les réduire en esclavage, ce furent-là des sujets de discussions et de spéculations théologiques, qui passionnèrent profondément les légistes d'Espagne, subtils et érudits, car dans le débat ils mirent à contribution toutes les sciences profanes et divines.

Le livre 6 du Recueil des Indes, de Charles II (1), renferme la législation de la commanderie, mais des dispositions disséminées, dans les autres livres, s'y réfèrent encore.

L'accomplissement de l'obligation qui lui incombait d'instruire ses Indiens donnait au commandeur le droit de profiter de leurs services ou de tirer d'eux une rétribution.

La conséquence prit la place de l'obligation ; le secondaire se convertit en principal, et le service personnel de l'Indien devint la réalité sociale de la commanderie.

______

(1) *Recopilación de Indias.*

Tout l'édifice de la société nouvelle finit par s'appuyer sur ce régime-là comme sur des fondations.

A ce qu'étaient les terres publiques dans la Rome républicaine, le charbon des mines en Angleterre, l'élevage du bétail dans la République Argentine, correspondit, dans l'Amérique du XVI° siècle, le travail servile de l'Indien.

Dans les ordonnances de Burgos, en 1512, le roi Fernando pouvait déjà dire que « la principale fortune qu'il y a là-bas, c'est le profit que l'on retire de ces Indiens. » Dans les ventes, quel que soit le domaine vendu, on ne tient compte que des Indiens qu'il renferme.

L'Indien représentait non seulement la complète oisiveté pour son maître et l'abondance domestique, mais il fournissait encore des bras gratuits pour la construction des maisons, la culture de la terre, les fouilles des mines, les labeurs de l'industrie, et cela nonobstant les prohibitions emphatiques des ordonnances.

Toutefois, un profit beaucoup plus fort résultait du transport des marchandises et de l'or, pendant des lieues et des lieues ; c'était-là, en effet, ce qui donnait une valeur croissante à l'exportation des « produits de Castille » ; ces produits prenaient une valeur décuple lorsque, de la foire de Portobelo, ils passaient et se répandaient à travers les villes et les villages de la

Castilla de Oro (1) ou de la Nueva-Toledo (2).

La commanderie forma la richesse publique et la richesse privée. A son sujet éclataient les querelles des conquérants et des officiers royaux, se créaient des disputes et des jalousies entre les colons.

A sa recherche, les plus agiles et les plus ambitieux entreprenaient des incursions sur des terres nouvelles, et ils défiaient les *guazavaras* (3) des Indiens. A la suite des ambitions que la commanderie soulevait, se formaient des intrigues autour des vice-rois et des gouverneurs, et s'intentaient les procès les plus acharnés.

Quand le juge « de résidence », qui doit statuer sur la reddition de comptes d'une charge, ouvre une information contre un gouverneur ou un magistrat, la cause des griefs qu'il doit examiner sera toujours l'injustice dans l'attribution des commanderies ; que celui qui rend ses comptes soit un héros comme Cortés, un conquérant comme Francisco de Montejo, ou un courtisan comme Rodrigo Contreras.

Le favoritisme ou la partialité dans la concession des commanderies suscitait des émeutes

---

(1) Cette région, entre deux océans, qui va de Carthagène des Indes à Costa-Rica, avant de se dénommer Terre Ferme, s'appela Castilla-de-Oro.

(2) Nueva-Toledo fait actuellement partie du Chili.

(3) *Guazavaras*, attaques subites des Indiens, se produisant hors des villes et, en général, à la suite d'embuscades.

comme celle de Luis Vargas au Pérou. Les « nouvelles lois » qui prohibaient le service personnel provoquèrent la rébellion de Gonzalo Pizarro et de Hernandez Giron.

C'était dans le Conseil des Indes un va-et-vient continuel de réclamations des gens déçus ou dépossédés et de récriminations contre les gouverneurs qui accordaient des commanderies, sans tenir compte des services ou des titres ; certains donnaient la préférence à leurs serviteurs, à leurs propres femmes, à leurs gendres, comme Rodrigo Contreras qui plaça sur la tête de membres de sa famille le commandement du tiers de tous les Indiens du Nicaragua.

Une bonne commanderie occasionna parfois un mariage avec une héritière de douze ans, ou bien elle en provoquait un autre de vive force, ou encore elle poussait à l'assassinat : chemins différents pour aboutir à un but identique.

La distinction entre l'Indien *yanacona* et le *mitayo* (1), si claire d'après la loi tourna, dans la réalité, pendant ce premier siècle, à la subtilité théologique.

---

(1) On appelait l'Indien attaché à la personne *yanacona*, terme de la langue quechua, et le second *mitayo*, dans le sens, comme le mot français métayer, d'homme tenu à un partage ou a une rétribution.

III

La commanderie correspondait-elle à l'introduction, en Amérique, du système féodal ?

Nous pouvons catégoriquement répondre que non.

Si l'Amérique avait été découverte et conquise un siècle auparavant, ce fait se serait presque sûrement produit. Mais la découverte eut lieu quand les institutions médiévales se mouraient en Europe. Cette entreprise même ne devint possible que parce qu'une monarchie puissante s'était formée avec les dépouilles des féodaux.

La commanderie créa en pratique une sujétion qui dépassa celle du serf envers son seigneur, car elle fut un véritable esclavage. Mais il est certain que les idées nouvelles, avec lesquelles s'inaugura l'Age Moderne, empêchèrent de consacrer cet esclavage dans la loi. Des hommes scrupuleux luttèrent constamment pour faire condamner la tyrannie des commandeurs. Ces efforts n'empêchèrent pas les violences ; les exigences économiques de la société nouvelle s'opposèrent avec une force invincible aux idées humanitaires des Monarques et des théologiens.

Mais on vit se maintenir une caractéristique qui empêcha la commanderie de tourner au féodalisme : la commanderie resta toujours viagère et toujours précaire, tandis que le vasselage féodal européen était perpétuel.

Les commanderies ne purent être abrogées ; les efforts pour l'interdiction du service personnel n'aboutirent pas ; on employa toute sorte de distinctions et d'euphémismes pour justifier ce service ; mais son instabilité propre l'empêcha de devenir une institution profondément enracinée.

Il y eut une force qui aida les commanderies à vivre, ce furent les nécessités financières de la Couronne qui savait que ce régime lui procurait, avec moins de fréquence cependant qu'on ne l'eût désiré, les galions chargés d'apporter le produit des cinquièmes royaux (1), cet or qui arrivait de Portobelo ou de Vera-Cruz, souillé de ce même sang dont les prévisions législatives pitoyables travaillaient à empêcher l'effusion.

Ce qui contribua à donner à la commanderie son caractère de dureté et de cruauté provint du fait qu'elle s'exerçait sur une race que les bénéficiaires considéraient comme incurablement inférieure ; l'Indien n'avait pour lui qu'à peine « l'apparence de l'homme », et il était comparable « à un morceau de bois, à une pierre. »

Que l'esclavage de l'Indien fût nécessaire, pour

______

(1) L'État prélevait, en général, un cinquième sur toutes les opérations publiques.

l'accomplissement de la tache de son évangélisation, c'était-là pure argutie. Sous ce prétexte les juristes formulaient la théorie de l'appropriation du sol, et du droit de réduire les Indiens en servitude ; ceux qui mirent ces règles en pratique en Amérique n'y furent amenés que par des raisons économiques.

IV

Cette destruction des Indiens servit d'argument aux gouvernants et aux légistes pour soutenir la nécessité d'établir la perpétuité des commanderies, c'est-à-dire pour arriver à fonder le régime féodal.

Comme on le sait, la commanderie était concédée pour la durée de la vie du bénéficiaire, et même, au Pérou, pendant deux générations.

Une semblable délimitation, disait-on, est la cause de la mortalité des Indiens ; en effet, leur possession étant précaire, leurs maîtres n'avaient aucun intérêt à veiller sur eux. Avec fort juste raison, on comparait la commanderie à l'usufruit qui enlève, à celui qui en jouit, tout souci d'améliorer une chose qui, un jour imprévu, échappera à ses mains.

N'oublions pas, au surplus, qu'une ordonnance pouvait, au moment où l'on y pensait le moins, révoquer ce privilège.

Dès le premier jour de la conquête naquit la protestation contre l'instabilité de la commanderie.

Sous le gouvernement du vice-roi, comte de Niéva, on fit, au Pérou, en 1558, une enquête sur cette question passionnante.

Le licencié Mercado de Peñaloza, de Lima, disait que la perpétuité des répartitions serait une grande cause d'apaisement : « Ici, Juan est dans l'attente de la mort de Pedro, pour obtenir sa concession... Quand il saura qu'il ne peut l'avoir, les rêves ambitieux et les désirs de changement seront plus rares. »

La discussion fut ardente. Le licencié Altamirano appuyait le système de Mercado de Peñaloza. En revanche, cette thèse était contredite par les licenciés Santillán et Cuenca : « Si les commandeurs, disaient-ils, sont ce que nous voyons, alors qu'ils ne possèdent ni juridiction ni vasselage, que feraient-ils s'ils parvenaient à les posséder ? »

Les procureurs de Cuzco en vinrent aussi à combattre l'idée de perpétuité. Les « gens de la « basse classe », disent les documents, s'étaient groupés, et « ils excitaient les Indiens, et ils leur démontraient comment ils allaient devenir esclaves. »

La grande opposition provenait des non possédants qui espéraient devenir possesseurs et dont cette perpétuité détruisait les illusions. A cause de ces discussions, le bon ordre risqua d'être troublé.

Il apparaît comme indiscutable que, si l'on avait consolidé le régime de commanderies en les accordant à perpétuité, on aurait épargné les vies des Indiens et évité des troubles, mais il est plus indiscutable encore, comme nous l'avons dit, que la féodalité se serait établie en Amérique ; elle y aurait fondé un régime de servitude, créé des castes sociales et retardé l'émancipation politique. Les premières origines de cette émancipation peuvent se retrouver dans les idées libérales de la loi espagnole qui, si elles ne se réalisèrent pas pendant la colonisation, devaient créer des tendances favorables au mouvement démocratique de l'Indépendance.

Voilà quel fut le destin de la race conquise. Des hécatombes d'Indiens étaient causées par les faits de guerres ; la petite vérole et les violentes maladies contagieuses avaient raison, en peu de jours, de populations entières ; cependant, bien que moins terrifiante et plus lente, leur destruction était plus sûre encore, entraînée par les travaux des mines, par le maniement du mercure pour l'extraction de l'argent, et aussi par ces corvées terribles dans lesquelles l'homme faisait office de bête de transport.

Faible compensation de leur inhumanité, des

faits semblables auraient pu être une occasion favorable pour l'apparition d'une race pure sur le vaste cimetière d'une race abolie, mais, nous l'avons déjà dit, l'absence de femmes blanches empêcha la réalisation de cette hypothèse par l'hybridation de l'Espagnol et de l'Indienne qui perpétua, chez les descendants, le sang et l'âme de la mère.

V

C'est un lieu commun que de dire : le régime des commanderies a entraîné la destruction des Indiens.

Puisqu'on veut persister à considérer le P. Bartolomé de Las Casas comme un visionnaire et un frénétique, abstenons-nous de tabler sur ses rapports. Tenons, pour une fantaisie de sa passion échauffée, ses documents et ses chiffres d'après lesquels les cruautés des commandeurs seraient sans égales dans l'histoire, et comme également vrai le langage du bachelier Sanchez disant au Président du Conseil des Indes, dans une lettre de 1536 : « Il n'est pas d'oreille chrétienne qui puisse supporter le récit de leurs crimes ! »

Tout cela, considérons-le provisoirement comme les imaginations fantaisistes d'une passion acharnée.

Ne tenons pas compte des meutes lancées
contre les Indiens pour les soumettre ou pour
les punir — aussi les chiens bien dressés à cet
effet comptaient-ils parmi les articles commer-
ciaux les plus chers parce qu'ils étaient les plus
demandés —; ne parlons pas du fer chaud ap-
pliqué sur la joue des petits enfants de trois ou
quatre mois, des bûchers ardents ou des feux
lents sur lesquels on plaçait des Indiens vivants,
ou encore de ces clôtures dans lesquelles on les
enfermait pour les grouper et pour les répartir,
comme des bestiaux, ni enfin de ces épées qu'on
plongeait dans la chair des Indiens « uniquement pour en éprouver le fil. »

Bien que le père Bartolomé ne soit pas le seul
à être l'auteur de rapports semblables, nous
n'avons besoin ni de les reproduire, ni de les
discuter, parce que, pour atteindre notre but,
il suffit de nous en tenir aux excès certains, aux
abus reconnus, aux traitements impitoyables, à
l'emploi des Indiens comme des bêtes de charge
— les *tamenes*, ainsi qu'on les appelait — pour
le transport des marchandises et des métaux.
« J'ai des Indiens pour trois ou quatre ans, disaient des commandeurs ; si on ne m'en donne
pas d'autres, je repartirai pour la Castille. »

Cette conception que le conquérant se faisait de
l'Indien, le regardant comme un être inférieur,
à qui les caractères de l'humanité devaient être

refusés, contribua sans doute à éteindre toute pitié dans son cœur ; nous devons cependant reconnaître aussi en cela un effet de cette transformation morale que nous avons appelée la *tropicalisation* du blanc. On en a la preuve immédiate: cette même cruauté apparaît dans les querelles 'entre les conquérants eux-mêmes, comme nous aurons à le démontrer dans divers passages de ce livre.

Nous allons, à présent, recourir à des documents qui nous permettront de nous rendre compte que cette destruction des Indiens fut une sorte de phénomène normal.

Voici un écrit qui pourrait servir de modèle.

Il s'agit d'une relation du père Jerónimo Descobar, au sujet de la province du Popayán (1); elle est digne de confiance parce qu'elle n'emploie pas de grands chiffres et qu'elle fait allusion au sujet en question d'une manière indirecte.

La date se place quarante-six ans après la conquête par Benalcázar et Andagoya, soit vers 1582.

Dans la ville de Pasto, sur 20.000 Indiens, il n'en reste que 8.000 répartis en 28 commande-

____

(1) Les villes dont les noms suivent font partie de la province de Popayán, en Colombie. La ville d'Antioquia est aussi en Colombie.

ries ; le total de la population espagnole est de 250 habitants.

A Almaguer, les Indiens en commanderies baissèrent comme nombre, en trente ans, de 15.000 à 2.000, partagés entre 14 habitants.

A Popayán, sur 12.000 Indiens, trente ans après, il n'y en a plus que 4.500 partagés entre 20 habitants ; les Espagnols sont au nombre de 100 seulement.

A Iscanze, les 2 000 Indiens en commanderies sont attribués à 17 habitants, qui sont en majorité mulâtres et métis.

A Timana, en quarante années, de 20.000 Indiens, il n'en subsiste que 700, en 12 commanderies.

A Santiago de Caly, « sur l'unique chemin qui va des plaines du Venezuela à Santiago du Chili, dans un parcours de 1.800 lieues », sur 30.000 Indiens, il n'en reste que 2.000 dans des commanderies partagées entre 19 habitants. Dans la montagne, sur 8.000 Indiens, il n'en existe plus que 600. Ils payent leur contribution en transportant, trois fois par an, un poids de deux arrobes sur un parcours de 25 lieues.

A Toro, il peut y avoir 2.000 Indiens répartis entre 20 habitants : « Quelques-uns de ceux-ci, mulâtres et métis, sont indignes d'avoir des vassaux, à qui ils doivent enseigner la vraie foi, puisqu'ils auraient besoin eux-mêmes de la connaître. »

A Cartago, 15.000 Indiens sont partagés entre 20 habitants.

Dans la province d'Anzerma, il y avait plus de 40.000 Indiens ; à présent, il n'y en a pas plus de 800.

A la Villa de Arma, il y avait, en l'année 1542, 30.000 Indiens ; à présent, rapporte le chroniqueur, il y en a 500 répartis entre 9 habitants.

Lors de la découverte, il y avait à Antioquia plus de 100.000 Indiens ; il n'y en a plus que 800, au moment où écrit le chroniqueur.

Voici un petit tableau du type courant des commandeurs avec 25 Indiens ; on y voit la distribution des services qu'ils fournissent à leur maître.

« Le commandeur a dans sa cuisine 8 Indiennes, cuisinières et boulangères ; à la disposition de sa femme sont 4 ou 5 laveuses. S'il a un fils à élever, il lui faut deux nourrices ; 6 ou 7 Indiens adultes assurent les provisions de la maison en eau et en bois. Le restant de la répartition est envoyé aux mines pour en extraire de l'or. »

VI

De même que le défaut de femmes blanches unit le conquérant avec l'Indienne, la commanderie l'unit avec l'Indien.

Ces deux éléments produisirent une pénétration profonde que nous verrons se manifester dans d'autres aspects de la nouvelle société américaine.

Nous découvrons ainsi le second et le plus important effet de la commanderie, l'influence morale qu'elle exerça sur son usufruitier en abaissant le niveau de sa conscience, en le déchristianisant au moment où il aurait dû évangéliser l'Indien.

Tout de suite, l'exploitation spoliatrice, la domination de l'homme sur l'homme sans le contrepoids d'un idéal, fait entrer dans l'âme du dominateur un sentiment tenace et pénétrant, qui est comme le sang de la victime éclaboussant la poitrine du victimaire.

C'est la tache sur la main de lady Macbeth, cette tache que toute la mer ne lavera pas. Et c'est, en outre, l'héritage que laisse toute possession.

Cette influence qu'exercèrent l'Espagnol sur l'Indien et, réciproquement, l'Indien sur l'Espagnol fut l'œuvre du contact forcé qu'imposait la commanderie.

C'était la source de vie, l'axe de toute le mécanisme social.

En outre, si cette institution juridique n'était pas vraiment patrimoniale, elle avait toutefois un caractère familial marqué, car elle équivalait à un patronage ou à une tutelle.

L'Indien et l'Indienne vivaient souvent sous le même toit que le commandeur, quand ils étaient employés au service de la maison et aux travaux agricoles qui l'approvisionnaient.

Souvent, le bénéficiaire s'établissait sur le territoire indien qui lui avait été attribué à titre de commanderie.

« Les Espagnols préfèrent vivre parmi les Indiens », disait un évêque de Tucumán, dans une lettre à la Cour citée par Charlevoix.

Le concubinage entre commandeurs et Indiennes est un motif fréquent de plaintes et de récriminations pour les évêques, spécialement pour Zumarraga et Las Casas, qui le citent comme un fait ordinaire.

Les missionnaires dénonçaient la violation des lois qui obligeaient les commandeurs à demeurer dans les villes ; ceux-ci préféraient, en effet, vivre dans l'oisiveté parmi les populations indiennes et y jouir, sans en rien perdre, de leur pouvoir absolu.

Juan Bautista Bernio, fils d'un *conquistador*, Juan Muñoz, avait adopté la vie sauvage dans l'ancien Tucumán, et il fallut qu'une expédition allât l'arracher du milieu des districts indigènes cachés dans les parties les plus reculées des montagnes.

A Popayán, il en fut de même pour les enfants et les petits-enfants de Luis de Mudelo, accusés de sorcellerie, qui vivaient et s'habillaient comme des Indiens, sur le district octroyé à ce commandeur.

Un chroniqueur, Albeniz de la Cerrada, a relaté une orgie qui eut lieu dans les plaines du Venezuela, et durant laquelle fraternisèrent la soldatesque espagnole et la populace indigène.

Si même la relation de ce chroniqueur, que nous tenons pour suspect, n'était pas exacte, elle rapporte cependant un fait qui a dû se produire dans l'histoire de toutes les expéditions conquérantes quand elle s'éloignaient des centres habités et administratifs.

On trouve, nous semble-t-il, des signes de cette pénétration commune du conquérant et de l'Indien, de cette familiarité morale qui se prolongea, à des degrés différents, pendant des centaines d'années, dans deux livres très curieux à lire et particulièrement intéressants : les *vertus de l'Indien*, par l'évêque Palafox, et l'*origine des Indiens* (1), par le Docteur Diego Andrés Rocha, auditeur au tribunal de Lima.

Le livre de Palafox, évêque de Puebla et vice-roi du Mexique, présente un double intérêt : d'abord il contient une auto-biographie qui nous fait connaître la vie d'égarements de l'auteur et sa conversion, exposées avec une sincérité sans voiles, qui rend cet ouvrage attrayant parmi tous ceux de son espèce ; l'intérêt provient en second lieu de son plaidoyer sur la perfection morale de l'Indien.

Sa bassesse morale, son idolâtrie, qui servirent de prétexte aux rigueurs de la conquête, seraient, d'après le livre, des impostures et des fables. Il est en effet difficile de trouver une épithète élogieuse qui ne soit appliquée à l'Indien qui était, dit l'auteur, « patient, généreux, honnête, tempérant, obéissant, fin, industrieux, juste, vaillant, élégant. »

Quant au Docteur Rocha, son livre développe, avec l'appui de « deux cents » preuves, la thèse suivante : la communauté d'origine des Espagnols et des Indiens. Descendants de Tubal, ils auraient peuplé l'Espagne et seraient venus ensuite habiter les Indes.

Appuyant sa thèse sur des textes vénérables, il la justifie à l'aide d'observations directes dé-

____

(1) *Virtudes del Indio — Origen de los Indios.*

monstratives de cette communauté d'origine, car il établit que les Espagnols et les Indiens ont des caractères semblables : « Ils sont, dit-il, endurants, cruels, idolâtres, et ils ont l'horreur de la science. »

Quelle effarante origine donnait à l'Amérique l'érudit docteur !

Mais il existe, dans l'histoire du Tucumán, un épisode du XVIIe siècle qui confirmera cet effort d'assimilation des deux races mieux que ces théories alambiquées. Un Andalou, Pedro Chanujo, connu dans les chroniques sous le nom de Pedro Bohorquez, fit souche parmi les tribus calchaquies (1), qui vécurent une épopée qui attend encore son poète.

Cet homme s'adapta à la vie des Indiens. Il eut, comme un cacique, des épouses indiennes. Il s'habilla comme eux ; il pratiqua leurs rites et célébra leurs fêtes. Il arriva à être leur chef et se fit couronner Inca.

Quelle que soit la part de supercherie que renferme cet épisode, il suppose autant la crédulité de l'Indien que la *tropicalisation* de l'Espagnol.

Le chroniqueur Lozano a raconté, avec son abondance habituelle, cette savoureuse page de l'histoire morale des origines américaines.

---

(1) Tribus indiennes du Nord de la République Argentine.

LA NOUVELLE SOCIÉTÉ

CHAPITRE V

L'Esprit chevaleresque en Amérique

I

Trois facteurs réunis concoururent en premier lieu à produire ce que nous avons appelé la « *tropicalisation* » du conquérant, transformation psychologique par suite de laquelle il cessa d'être le descendant du Cid ou le frère du Grand Capitaine.

C'est d'abord l'influence du nouveau milieu qui plongea cet homme parmi les tentations de la vie sauvage ; ensuite les mariages, dans de fortes proportions, de l'Espagnol avec l'Indienne ; enfin le régime servile des commanderies et répartitions des Indiens qui corrompirent profondément la vie américaine, en faisant de l'exploitation spoliatrice de l'homme le moteur central de l'activité économique du pays.

Si, en théorie, il existait des causes suffisantes pour transformer la nature morale du conquérant, examinons si, en réalité, cette transformation se produisit et si, en Amérique, persistèrent les sentiments caractéristiques de l'âme espagnole.

Dans le cours de cette justification, si nous arrivons à un résultat positif, nous aurons obtenu un effet d'une portée considérable : celui de démontrer l'originalité de la vie américaine, créée par l'empire et le caractère que les conditions mêmes de cette vie imposèrent à l'action de l'Espagne.

Recherchons, en Amérique, les traces de quelques-uns de ces caractères que les historiens considèrent comme l'essence du génie de l'Espagne : l'âme chevaleresque, la fidélité au Roi, l'esprit religieux.

Dans des chapitres ultérieurs, nous exposerons les manifestations relatives aux deux derniers points ; faisons-le à présent en ce qui concerne les sentiments chevaleresques.

II

Depuis les temps les plus reculés du Moyen Age jusqu'à présent, l'Espagne a été considérée comme la patrie de la noblesse d'âme. Parmi les autres pays chrétiens, son nom était synonyme de courage et de point d'honneur.

Pendant ce même XVIe siècle qui nous occupe, alors que l'Espagne se maintenait en si étroite communication avec l'Italie, une copieuse bibliographie italienne — que Croce (1) a analysée dans son livre sur *Spagna nella vita italiana* — démontre que l'Espagnol est caractérisé par la galanterie et la loyauté chevaleresque.

Guicciardini jugeait que l'Espagnol avait de telle sorte le culte de l'honneur que « pour ne pas le souiller il méprisait la mort. »

Les chroniques et les mémoires de ce temps-là donnaient l'Espagnol comme un modèle de gentilhomme. On célébrait dans des aphorismes, créés en Italie, sa valeur, en commentant le dicton espagnol qui porte : « Pour ton honneur expose ta vie, et pour Dieu, honneur et vie, expose les deux. »

Il n'est pas nécessaire de remonter, dans l'histoire d'Espagne, jusqu'aux « Pas d'Armes », magnifique témoignage, à la fois, de bravoure et de noblesse chevaleresque ; la guerre de Grenade, en effet, est très rapprochée et, malgré son caractère religieux, elle présente d'émouvantes preuves de ces nobles qualités.

Le comte de Tendilla fit prisonnière la belle Fátima. Le roi Boabdil offrit de la racheter. Le comte y répondit en ramenant sa captive, étin-

____

(1) Benedetto Croce, philosophe italien, contemporain.

celante de joyaux, devant les portes de Grenade. Le More, pour ne pas rester au-dessous
du comte, remit en liberté cent cinquante prisonniers.

Où trouver un trait semblable dans les chroniques de la conquête ? Peut-on percevoir, dans
l'histoire de l'Amérique du XVI⁰ siècle, un souffle
de la noblesse et de l'ardeur chevaleresque de
l'histoire si nationale de l'Espagne ?

On l'y chercherait vainement. Il n'est point
d'historien qui l'ait rencontré. Ce n'est pas la
loyauté qui brille dans le récit des exécutions
d'Atahualpa, de Moctezuma, de Guatemoc et
d'innombrables chefs de moindre importance.

La trahison, l'embuscade, sont les moyens
auxquels on a recours d'ordinaire. La *Milicia
indiana*, de Vargas Machuca, contient un traité
sur les embuscades. Dans un chapitre, il
traite des espions : « Les espions sont excellents
quand ils appartiennent à l'autre parti, c'est
pourquoi il faut en corrompre à prix d'argent. »

La trahison, la déloyauté, bien qu'elles
manquent du raffinement et de l'astuce qu'emploient les Italiens contemporains, sont en usage,
dès les premiers jours de la conquête.

C'est ainsi qu'agit Ovando à l'égard de la
reine Anacona (1); il l'attire dans un banquet

---

(1) Reine indienne de Cuba.

pour endormir ses craintes et massacre ensuite ses Indiens.

.Cortés simula une conjuration, pour faire exécuter le prince aztèque. Qui a oublié la conduite de Francisco Pizarro à l'égard de l'Inca Atahualpa ? Le capitaine Ayora se fit livrer par les Indiens d'Hispaniola tout l'or qu'ils possédaient ; ensuite il fit brûler le cacique et lâcha ses meutes sur les Indiens. Francisco Casas et González Dávila, pendant un souper amical, poignardèrent Cristobal de Olid.

Almagro le jeune agit de même avec García Alvarado, ainsi que le trésorier Riquelme avec Antonio Picado dont il dénonça l'asile.

Le terrible Pedrarias Dávila condamna à être pendu son gendre Nuñez de Balboa et il assista à son supplice derrière une palissade de roseaux.

Si le Cid se livra à une tromperie avec un coffre qui contenait du sable et non pas de l'argent, il le faisait à l'encontre d'un ennemi de sa foi ; en revanche, d'après Alvarado, le payement, par Almagro, des fournitures et des munitions de son expédition au Pérou fut effectué en pièces de monnaie qui contenaient « plus de cuivre que d'argent. »

La conduite de ces hommes envers les Indiens, les Indiennes, et surtout envers les enfants, établit suffisamment qu'ils étaient dépourvus de tout sentiment chevaleresque.

Cette observation a été faite par Humboldt dans son livre incomparable sur la découverte de l'Amérique. Le nom de l'écrivain allemand est un des plus dignes de gratitude et d'admiration pour les Américains ; ses efforts pour rechercher les sources de l'histoire du Nouveau-Monde, décrire la nature de ce pays, en inventorier les richesses naturelles, furent accomplis avec tant de maîtrise, de probité et d'amour, que cette œuvre n'a pas été égalée jusqu'à cette heure.

Humboldt découvre le grand contraste qui existe entre l'Amérique de la conquête et l'Europe chevaleresque. Malgré le caractère audacieux que révéla cette conquête, elle manqua de noblesse, de loyauté, de tout sentiment de protection à l'égard du faible, et elle ne donna pas à l'honneur la suprématie sur l'intérêt.

Le conquérant n'était pas un fils du Cid, mais un condottiere du XVe siècle.

L'Amérique n'eut pas besoin d'un Don Quichotte pour mettre fin à la Chevalerie. A ce sujet, il est curieux de rappeler que, à la fin du XVIIe siècle, le livre de Cervantès fut, en Amérique, plus répandu qu'en Espagne. L'œuvre se trouva plus naturellement dans son milieu parmi des gens qui, avant le moqueur génial, s'étaient moqués de la Chevalerie.

Le chevalier errant entaille des flancs, tranche

des gorges, au nom d'un amour idéal, gravé dans son cœur plus profondément que les damasquinures sur le pommeau de son épée.

L'acier du conquérant, au contraire, a été aiguisé sur la pierre dure de la cupidité et il est plongé dans les chairs pour faire des prises et gagner du butin.

Nous reconnaissons chez ce conquérant une valeur extraordinaire, mais non pas ces grandes attitudes qui ennoblirent les prouesses des Paladins et haussèrent leur stature jusqu'au niveau de la Légende Dorée : l'amour de sa dame, la fidélité à sa devise.

La femme qui, rien que parce qu'elle est femme, dompte l'arrogance du guerrier, et dont le regard seul vaut qu'on donne sa vie, n'a pas existé en Amérique.

Ce qui marque bien à quelle distance l'Amérique du XVIe siècle se trouve de la vie chevaleresque, c'est cette cupidité implacable du conquérant, qui gagne les religieux eux-mêmes : « Jusqu'aux moines — disait un vice-roi dans son rapport à la Couronne — qui ne cherchent qu'à gagner 7 à 8.000 *pesos* et à retourner ensuite en Espagne. »

On peut trouver comme un pronostic des pensées qu'allait avoir la société nouvelle dans l'éloquent éloge de l'or que fait Colomb : « L'or est excellentissime ; avec lui, on constitue des trésors ; son pouvoir va jusqu'à retirer les âmes du Purgatoire. »

Bernal Diaz dira lui aussi de l'or, quand il rappelle les dons que distribua Cortés pour ramener à lui les mécontents : « L'or brise les rochers et apaise les colères. »

Vargas Machuca justifie ainsi les poursuites à la recherche de trésors dans lesquelles se sont lancés les conquérants : « La richesse rend l'homme intelligent, aimé, respecté ; s'il a commis des délits, elle l'en libère ; s'il veut être arbitre de difficultés, elle arrange tout et c'est son autorité qui prédomine. »

Ces sentiments-là prouvent que l'esprit de la conquête américaine était, en vérité, très distant de la vie chevaleresque, et ils nous montrent un des caractères qui étaient en germe dans les nouvelles conditions sociales.

L'époque moderne, dont la découverte de l'Amérique ouvre les portes, sera l'âge de l'or et du fer à la fois ; ses muses seront la richesse et la démocratie.

Il y a une scène, répétée fréquemment pendant la conquête, qui traduit l'esprit de l'ère nouvelle et constitue comme un symbole anticipé du mal qui contaminera les siècles à venir.

Plus d'une fois, après des mois de pérégrinations à travers des terres fabuleuses, les soldats revenaient, chargés d'or mais épuisés par la fatigue, mourant de faim et de soif, « maudissant ces richesses qui les écrasaient et ne leur permettaient pas de vivre », alors qu'ils avaient dévoré les derniers restes de leurs chevaux et des meutes de chiens qu'ils menaient avec eux.

Cette procession de fantômes, qui dépensaient leur dernier souffle de vie à porter sur leurs épaules décharnées la *guaca* (1), remplie de métal ou de minerai d'or, voilà un sujet dont l'art n'a pas rendu la beauté tragique.

Aujourd'hui, alors que cet Age Moderne commence à reconnaître l'erreur de son idéal, le tableau précédent devient d'une impressionnante actualité.

L'humanité, comme les conquérants faméliques chargés d'or, a déjà commencé à maudire la richesse qui a satisfait son ambition mais l'a frappée à mort.

III

Dans une lettre à la Couronne, envoyée par des auditeurs de México, en 1530, ils écrivent une phrase qui est une définition psychologique de la nouvelle société : « Les hommes qui sont ici n'ont pas l'esprit assez en repos pour pou-

---

(1) *Guaca*, mot de l'idiome quechua qui signifie un récipient, en terre cuite le plus souvent.

voir s'abstenir de mettre à exécution ce qui leur
paraît convenir à leurs intérêts. » Le trait est
exact. La sensibilité en état d'excitation, la passion poussée jusqu'à la frénésie par suite du
péril et de l'ambition, la volonté tendue et en
éveil, ont supprimé cet intervalle entre l'impulsion et l'acte, qui se nomme la réflexion.

Ils vont, sans arrêt, du désir à la proie, de la
parole à l'attaque.

Comme conséquence, le rôle de la conscience
devient secondaire. La nécessité d'agir à l'im-
proviste a supprimé la place réservée aux scrupules.

Dans la prosaïque relation de voyage d'un personnage obscur se trouve un passage d'une
vigueur extraordinaire qui nous dépeindra d'une
façon certaine cet état d'âme.

Cet homme se nommait le licencié Gamboa.
Envoyé au Pérou, il avait laissé, à Panama, le
Président La Gasca, qui venait d'y arriver,
chargé de remédier au soulèvement de Gonzalo
Pizarro. Le licencié visitait secrètement les lieux
habités du parcours, pour assurer aux fidèles à
la Couronne que La Gasca apportait leur pardon aux gens compromis, mais venait châtier
Pizarro.

Dans la ville de Los Reyes (1), il fut reçu

---

(1) C'est l'ancien nom de Lima, capitale du Pérou.

comme on peut le supposer, mais il ne plia ni sous la torture que lui fit subir Pizarro, ni devant les promesses de cet auditeur, Cepeda, qui, venu avec le vice-roi Nuñez de Vela, avait fini par se rallier au parti des traîtres. Cepeda offrit 6.000 pesos à Gamboa pour qu'il retournât à Panama et tuât le président La Gasca.

Gamboa raconte ainsi la scène : « Je lui répondis qu'il n'était pas juste que moi, qui avais mangé son pain, j'allasse le tuer, et même qu'une telle pensée ne pouvait traverser mon esprit ; je lui dis que je m'étais confessé ce jour-là, et que j'étais disposé à mourir en martyr si Pizarro voulait me faire exécuter.

« Cepeda répliqua à cela qu'*on voyait bien que j'arrivais d'Espagne, puisque je manifestais de semblables scrupules de conscience ; lui aussi en était là quand il était arrivé d'Espagne, mais, depuis, la seule gloire qu'il appréciât était celle de tuer des hommes.* »

Par la bouche de Cepeda se confessait la société nouvelle.

Agustín Zárate, dans la Dédicace de son Histoire du Pérou, déclare : « Je n'ai pas pu, au Pérou, *écrire avec soin* cette relation ; en effet, si seulement je l'y avais commencée, j'aurais exposé ma vie aux attaques d'un maître de camp de Gonzalo Pizarro qui menaçait de tuer quiconque mettrait par écrit leurs actions. »

Le spectacle des déviations du caractère ancestral de l'âme espagnole, quand elle eut à supporter l'influence tellurique et sociale de l'Amérique, nous donnera une leçon exemplaire sur la manière dont une civilisation commence et se transforme.

Ce phénomène se produira d'une façon également visible, lorsque, après la venue de la Révolution de l'Indépendance, des gens nouveaux et un nouvel idéal changeront le cours de la société.

L'histoire de l'Amérique, avons-nous dit dans une autre occasion, est l'histoire de deux immigrations : l'espagnole, lors de la conquête, qui dura avec un rythme inégal depuis la découverte jusqu'à l'Indépendance, et l'européenne, qui commença quand l'autre fut terminée.

Cette seconde immigration rectifia la première, car elle donna à la famille américaine ce que lui avait enlevé, à son origine, l'intervention du sang indigène.

Le sang du métis — ce fruit de l'invasion du XVIᵉ siècle — fut enrichi par l'apport du XIXᵉ.

L'immigration de la conquête fut guerrière et épique, l'actuelle est mercantile et pacifique ; celle-là fut une irruption, une entreprise financière ; celle-ci, un voyage, un mouvement social. Les deux caractères apparaissent avec leur esprit différent.

Le culte du courage, le mépris de la loi et de l'autorité, l'arrogance, la paresse, la passion du jeu, qui se montrent comme des traits du tempérament hispano-américain, tout cela, en réalité, découle de cette source commune : le caractère martial de l'immigration conquérante. Ce sont là les qualités que fait germer la violence et les vices qu'elle entraîne. Cette immigration a pour essence le courage ; l'arrogance est son habitude, le mépris de la loi sa tentation constante. La paresse vient de cette mollesse à laquelle prétend avoir droit celui qui expose sa vie.

Le jeu est l'ivresse du danger, quand est passée l'ivresse du combat.

L'immigration pacifique et commerciale de l'ère moderne produit d'autres fruits et présente des caractéristiques différentes.

A l'arrogance et au culte de la bravoure du temps de la vie militaire, elle a opposé les calculs financiers et les désirs de lucre.

Quoique dans des proportions différentes, ces deux immigrations furent spécialement masculines, aussi aucune d'elles n'eut le culte du foyer.

De même que nous voyons, dans les chroniques du XVIe siècle, les conquérants passer des maîtresses indiennes aux épouses orgueilleuses, avec titres et blasons, ainsi l'émigrant européen passa de l'associée ignorante et laborieuse, qui avait partagé les rudes débuts du chercheur de fortune en Amérique, à la femme décorative qui fera briller la richesse que la compagne remplacée aida à recueillir, et il échange ainsi la fraîche spontanéité de la jeunesse contre le décorum factice de l'âge mûr.

C'est la solution éternelle que Gœthe a déterminée dans son Clavijo.

Une telle manière de voir l'histoire produit cette suggestion pédagogique qui l'a fait appeler par Cicéron : « le guide de la vie. »

Ces réflexions, que ce livre formule en passant, dégagent une saveur acre pour notre patriotisme continental, qualifié d'américain ou d'hispano-américain, mais elles ne proviennent ni de préjugés ni de sentiments d'amertume.

Elles s'étayent sur la loyauté la plus pure et sur le plus sain et le plus robuste optimisme. C'est l'optimisme avec lequel un maître cordial s'applique à cultiver l'esprit d'un élève de prédilection et se réjouit, avec une affection qui rend plus agréable son devoir, des heureuses perspectives que lui montre l'avenir.

Le maître sait qu'il doit chercher la réalisation de ces perspectives non point par le moyen de l'admiration et de la flatterie mais bien par celui du perfectionnement et de la transformation des qualités de son élève ; il ne doit pas attendre passivement « un avenir grandiose » ou « une destinée évidente », mais, avec l'appui d'une tendresse féconde, cultiver une volonté disciplinée et une humilité laborieuse.

C'est dans cet esprit que nous avons écrit un autre livre : « Le Salut de l'Amérique Espagnole. »

CHAPITRE VI

La Rébellion — La Discorde

I

En Amérique disparut un autre des caractères considérés comme essentiels du génie espagnol. Nous voulons parler de la fidélité à la monarchie et au Roi : sentiments qui naquirent pendant la conquête des Barbares et s'enracinèrent dans l'âme nationale pendant les siècles de la *Reconquista* (1).

Il suffit, pour notre thèse, de reconnaître la présence et la force de ces sentiments dans l'âme espagnole.

Cette loyauté et ce dévouement au Roi brille dans le poème du Cid qui est un miroir de la nation héroïque. Le Paladin baise la main du Roi qui l'a offensé et applique ses pensées à le bien servir.

____

(1) *Reconquista*, la reconquête du sol espagnol sur les Arabes, terminée en 1492,

Dans les *Partidas* (1), une mauvaise intention
à l'encontre du Roi est un délit ; le diffamer
est un crime capital. La désobéissance est un
sacrilège. Un chroniqueur a pu dire, en parlant
de l'Espagne, et même après les règnes de Philippe IV et de Charles II, que, s'il s'agit du
Roi, le mot rébellion n'a pas de sens en ce pays.
Vicaire de Dieu sur la terre, ainsi que l'appela le
xv° Concile de Tolède, il avait une autorité et
une auréole surhumaines.

Les personnes royales semblaient faites d'une
substance plus délicate que celle des autres
humains.

« Vous saurez que les reines d'Espagne n'ont
pas de jambes », déclara le majordome de María
Ana d'Autriche aux députés qui apportaient à
cette princesse, comme cadeau de noces, de ma-
gnifiques bas de soie.

Pendant le siècle où s'opéra la découverte,
Enrique III, à peine âgé de 14 ans, gouverna
par l'intermédiaire de favoris, comme le marquis de Villena, et il ne vit pas se produire le
moindre symptôme d'agitation parmi ses sujets.

L'imbécilité de Juan II de Castille n'altéra pas
l'obéissance passive de son peuple, et le régent
Fernando n'eut pas la moindre vélléité d'ambi-

---

1 Recueil des lois de Castille, recueillies par le roi de
Castille, Alphonse le Sage, qui les divisa en sept parties.

tionner une royauté qu'il avait gérée à la satisfaction générale.

Ce sont des sentiments profonds dans l'âme de
l'Espagne de nos jours que la loyauté envers le
Roi et la fidélité à la monarchie.

Le mouvement qu'a provoqué ces temps-ci la
campagne du romancier Blasco Ibañez contre la
Couronne et contre Alphonse XIII constitue une
expérience précieuse — hasard fort rare dont
profitent avec joie les historiens — ; il est possible ainsi de voir à découvert et de reconnaître
l'état sain, dans une nation, d'une vieille racine
qui pouvait paraître morte parce qu'elle était
cachée.

Cela aurait été pour Buckle un spectacle des
plus heureux, puisqu'il faisait la preuve d'une
de ses généralisations audacieuses.

II

En revanche, ces sentiments-là — et l'historien anglais ne l'a pas vu ou n'a pas su le voir
— s'affaiblirent dans l'âme des « loyaux sujets »
qui firent partie des bandes conquérantes de
l'Amérique. Le prestige de la : « Sacrée, Césarienne, Catholique Majesté », s'évanouissait avec
la distance.

On protestera de sa fidélité en termes abon-

dants et soumis, mais — à part le fonctionnaire
à mandat limité qui doit retourner à la Cour —
dans les Indes, le capitaine fera de ses caprices
une loi, bien qu'ensuite il s'efforce de les justifier en les appuyant de raisons.

Dans l'Amérique de la conquête, voici certaines des réalités les plus vivantes : l'humeur
altière, le débordement des passions, l'ambition
ardente, la satisfaction sauvage des appétits.

Comme ils éclataient vite les conflits sanglants
dans le camp des Espagnols. La colère et la ran-
cune dont ils faisaient preuve dans leurs querelles constituent la plus forte excuse de cet
acharnement contre les Indiens, qu'on a coutume de leur jeter à la face. S'ils furent cruels
envers les Indiens, ils le furent aussi entre eux.

Indienne ou castillane, aucune tête n'était
épargnée, dès qu'elle venait à portée de leur
poignard et que leur sang d'aventuriers prompt
à s'enflammer leur montait à la tête.

Sous le gouvernement de l'auteur lui-même
de la découverte, éclata la sédition commandée
par Francisco Roldán.

Les révoltés en armes marchèrent contre l'autorité et la mirent en échec ; on leur reconnut
le caractère de belligérants et l'affaire fut portée
devant la Cour.

Comme une semence dégénérée qui rencontre
le climat qui lui convient, l'esprit de rébellion

recouvrera son ancienne force et se propagera dans tous les territoires nouveaux.

Cortés dut faire décapiter des soldats soulevés dès le commencement de son entreprise ; il faut reconnaître que, si le général n'avait pas eu la main dure, ces gens-là auraient fait avorter ses efforts.

Nous savons qu'il n'est pas de lutte fratricide qui ait égalé en acharnement celle que déchaîna sur le Pérou la querelle entre ses deux conquérants, Pizarro et Almagro. Tous deux et leurs partisans se plongèrent dans des flots de sang. Depuis la déroute et la mort d'Almagro, à la bataille de Salinas, en avril 1538, jusqu'à l'échec et la mort de Gonzalo Pizarro à Xaquixaguana, en 1548, se succèdent entre Espagnols des rencontres qui deviennent parfois de véritables boucheries.

Le combat de Chupas qui coûta sa tête à Almagro le jeune, celui d'Anaquito qui mena à l'échafaud le vice-roi Nuñez de Vela ; ceux de Pecona et de Guarina qui indiquent le paroxysme de la fureur homicide de Francisco Carvajal, vainqueur de Lope Mendoza et de Diego Centeno; la bataille de Xaquixaguana qui fit monter au gibet Gonzalo Pizarro furent les remous écumeux d'un fleuve de fureur et de sang.

Les états de services des modestes chefs secondaires nous renseignent exactement sur ce

qu'est leur carrière militaire : une série de séditions, attentats, trahisons, assauts, déprédations,
où la vie est tous les jours en jeu ; et c'est l'existence de tous ces gens-là.

Cette épidémie de crimes et d'assassinats se
reproduisit pendant les guerres civiles qui ont
désolé ces mêmes terres, bien des siècles plus
tard, quand, après la fin des guerres de l'Indépendance, les différents partis se mirent à s'ex-
terminer les uns les autres.

Cortés avait confié la conquête du Guatémala
à un de ses meilleurs capitaines, Cristobal de
Olid — un Ajax, d'après certains historiens.

Olid s'était entendu avec Diego Velásquez,
et il se souleva contre Cortés.

Ce dernier se mit en route pour châtier la
trahison. Entre temps, Olid avait été pendu au
gibet qu'avaient fait dresser Francisco Casas,
émissaire de Cortés, et González Dávila ; ceux-ci,
l'ayant invité certain soir à un banquet, l'avaient
préalablement poignardé.

Disons, en passant, que ce González Dávila, à
son tour, se souleva contre le gouverneur de Panama, dont il était l'envoyé.

Le gouvernement de Mexico était resté confié
au trésorier Alonso Destrada et au comptable
Rodrigo de Albornoz. Ayant reçu la nouvelle
qu'ils se soulevaient contre son autorité, Cortés
munit de pouvoirs pour les remplacer Peralmidez

Chirino et Gonzalo Salazar, l'un inspecteur et l'autre commis aux vivres à Mexico. Ces envoyés enlevèrent le gouvernement aux deux révoltés et abusèrent du pouvoir plus encore que ceux qu'ils en avaient dépossédés. Ils répandent la fausse nouvelle que Cortés est mort et ils intentent contre lui un procès : tout le pays est dans l'agitation.

C'est alors que l'on soulève, contre l'homme puissant que l'on tient pour mort, des accusations de toute nature pour ruiner son honneur et lui enlever ses biens.

Les usurpateurs bravent l'évêque, persécutent les amis de Cortés quand ils ne les font pas pendre, ils gouvernent en tyrans.

Francisco Montejo, gouverneur du Honduras, a de longues querelles avec Pedro Alvarado ; Pedrarias Dávila fait exécuter Nuñez de Balboa et le lieutenant de celui-ci au Nicaragua, Francisco Hernández.

Voilà des tragédies entre premiers acteurs et sur une grande scène. Elles eurent un écho et firent scandale à la Cour et chez les chroniqueurs.

Mais le même ordre de faits se répète, en drames innombrables, dans d'obscurs et lointains recoins du vaste empire des Indes.

Lorsque, bien des années après, arriva au Pérou, en qualité de vice-roi, le marquis de Cañete, il se heurta, de tous côtés, à des querelles et à des discordes entre auditeurs, entre évêques ; « entre Villagra, Quiroga, et Francisco de Aguirre, l'inimitié était plus grande qu'entre Pizarro et Almagro.»

J'ai fait allusion à la conquête du Tucumán; son histoire est un modèle de passions fratricides.

Ce pays fut découvert par Diego de Rojas que tuèrent les Indiens. Son lieutenant, Felipe Gutiérrez est renversé et emprisonné par Francisco de Mendoza, qui est tué par ses soldats. Felipe Gutiérrez est étranglé sur l'ordre de Pedro Puelles. Nicolás Heredia, l'autre auteur de la découverte, est pendu sur l'ordre de Francisco Carvajal.

Nuñez del Prado et Francisco Villagra, ensuite Gregorio Castañeda et Francisco de Aguirre, fondateurs des premiers établissements dans le Tucumán, pour des vétilles de juridictions, se combattent, se trahissent, s'emprisonnent. Ils n'épargnent aucun moyen pour se détruire ; en donnant libre cours à leur ambition, ils ne se préoccupent pas de savoir s'ils compromettent l'entreprise qu'ils poursuivent à des centaines de lieues de tout centre de secours et parmi des Indiens belliqueux.

Les premiers gouverneurs se succèdent de la même façon. Gerónimo Luis de Cabrera est assassiné par son successeur, Gonzalo de Abreu. Celui-ci est tué, à son tour, par Hernando de

Lerma. — Un soldat a raconté le fait : « On fit subir à Abreu la plus sauvage torture qu'ait endurée homme au monde. On le suspendit en l'air et on attacha à ses pieds un poids de plus de douze arrobes, ce dont il finit par mourir. »

III

Après avoir tant combattu entre eux, un jour ils voulurent combattre contre le Roi.

La rébellion, en Amérique, a un héros : il s'appelle Gonzalo Pizarro. Si son frère, Francisco, le conquérant par excellence, présente une grande figure d'épopée, elle n'a pas l'originalité de celle de Gonzalo. L'aîné a des égaux ; on pourrait même en trouver qui dépassent sa taille. Gonzalo, au contraire, incarne l'esprit de rébellion, qui sera un des caractères les plus évidents de l'âme de la civilisation nouvelle. Son exemple sera imité bien des fois, et la guerre de l'Indépendance répètera les échos de cette entreprise du milieu du XVIe siècle.

L'histoire est connue : Les ordonnances de Charles-Quint, qui firent se soulever le Pérou, en 1545, supprimaient les services personnels et les répartitions d'Indiens.

Nous avons démontré ailleurs combien vaines furent les lois et les ordonnances royales édictées sur l'Amérique, et combien est erronée l'histoire qui s'appuie sur elles.

A cela ne font pas exception ces dernières ordonnances si connues. Au Mexique, elles ne reçurent même pas un commencement d'exécution, arrêtées par Tello Sandoval, qui aurait dû les mettre en vigueur. Si elles soulevèrent le Pérou et provoquèrent la rébellion victorieuse de Pizarro, c'est parce que Blasco Nuñez Vela voulut les imposer par le sang et par le fer.

Pizarrro défia ce premier vice-roi envoyé pour gouverner le Pérou et il le fit prisonnier. Après sa libération, Gonzalo le poursuivit à Quito, le vainquit à Anaquito, le fit décapiter et exposa sa tête sur une lance, comme un trophée, sur la place de la ville (1) qui avait été la dernière à refuser fidélité à Nuñez Vela.

Il commença par donner une apparence légale à sa révolte en invoquant le mandat donné par ces populations pour solliciter l'annulation de ces ordonnances, mais, victorieux par les armes, l'ambitieux jeta le masque au point qu'il songea à proclamer l'indépendance du Pérou et à se faire couronner roi.

Le procédé ressemble à celui qu'on employa plus tard pendant la guerre de l'Indépendance : on ne commence pas par nier l'obéissance due

____

(1) Lima, capitale du Pérou.

au Roi, au contraire on l'invoque, mais dans le secret dessein de ruiner son autorité.

Les chroniqueurs nous donnent d'intéressants détails : On devait solliciter du Pape l'investiture royale pour Pizarro ; l'archevêque de Lima, l'évêque de Bogota et le Provincial des Dominicains partiraient pour la demander ; on prendrait pour modèle l'investiture d'Alonso, frère d'Enrique, roi de Castille. Le couronnement se ferait à Lima, avec le concours des représentants de cette immense Castilla de Oro, qui s'étendait depuis Popayán jusqu'à l'extrémité sud du continent.

Pizarro avait commencé à employer des procédés royaux, dans sa garde et dans sa demeure. Les partisans et les complices de ses cruautés attisaient la flamme de sa folle ambition, dans l'espoir de donner libre cours à la leur. Parmi eux figurait le premier ce vieillard démoniaque, Carvajal, âme de la révolte, malgré ses 75 ans ; Pedro Puelles, un vétéran de la trahison ; cet extraordinaire docteur Diego Vasquéz de Cepeda, venu avec Nuñez Vela lui-même, en qualité d'auditeur de la première audience : légiste nécessaire pour cette sorte d'entreprise, bien qu'il fût également homme d'épée, c'est lui qui formula la théorie qui légitimait la dynastie nouvelle, en invoquant de nobles exemples pris dans l'antiquité et dans tous les temps. L'origine de toutes les royautés, faisait proclamer l'érudit licencié à travers les régoins de Cuzco et de Lima, était la tyrannie ; la noblesse venait de Caïn, et la plèbe d'Abel ; c'est pour cela que sur les blasons des grands se mêlent les dragons, les serpents et les chaînes.

Il apportait ensuite aux révoltés une raison concluante : Qui avait plus de droits que Gonzalo Pizarro à la royauté du Pérou ? Sa famille l'avait conquis, et lui, qui était le dernier Pizarro, puisque Hernando se trouvait à Madrid, venait de le libérer de la tyrannie du monarque qui prétendait détruire le misérable profit obtenu au prix de tant de deuils et de tant de vies humaines.

On avait fait graver un nouveau sceau, avec la couronne royale et les armes de Pizarro, et l'on s'en servait pour estamper la cinquième partie des métaux (1). Carvajal avait jeté au feu les armoiries royales, dans une scène que les chroniques décrivent.

Ainsi que le déclare un orfèvre : « Il avait déjà préparé la couronne que Pizarro devait ceindre ; elle portait de nombreuses émeraudes serties autour, dont plusieurs, grosses comme des noisettes et même plus grosses encore, l'embellissaient fort. »

---

(1) Le prélèvement du *quinto* royal, le 20 pour 100 revenant à l'Etat.

Après avoir vaincu et fait décapiter le vice-roi, Gonzalo fit son entrée à Lima avec le bandeau royal, peut-être comme essai du couronnement, conduit sous un dais, et entouré des évêques de Lima, de Cuzco, de Bogota et de Quito.

Carvajal occupe une place à part dans l'histoire de la rébellion de Pizarro ; d'une cupidité insatiable, d'une cruauté impassible, il n'a pas de rival dans ses actes de violence et de férocité. Il prenait plaisir à mêler les sarcasmes à ses crimes. Sa spécialité était de railler ses victimes au moment de les condamner au gibet. Quand il procédait à ses promptes exécutions des soldats du roi, il leur décernait cette épitaphe burlesque : « Pour crime de loyauté. »

Il demanda un jour au licencié Cepeda, en se moquant de ses titres universitaires, de lui montrer le testament d'Adam, pour y chercher la clause qui concédait le Pérou au roi d'Espagne.

Lieutenants et capitaines se voyaient déjà comtes et ducs, et Hernando Bachicao, « le borgne à la taie (1) », qui portait déjà un titre, envisageait peut-être la succession de Pizarro.

____

(1) *El tuerto de nube*, ce surnom veut dire : le borgne à la taie.

IV

Le soulèvement du Pérou, malgré ces fantaisies qui nous paraissent ridicules en ce qui concerne le couronnement de Pizarro, tira sa force d'un sentiment profond et populaire des sociétés naissantes; elles étaient disséminées depuis le Nicaragua jusqu'au Chili et le long de la mer du Sud, c'est-à-dire sur la partie la plus considérable de l'empire colonial espagnol. Considérons, pour mesurer la portée de la rébellion, que les Péruviens ne se soulevaient pas contre un Philippe IV ou un Charles II, mais bien contre l'invincible Charles-Quint lui-même, qui, en ce moment-là, était à l'apogée de son incomparable puissance.

Les ordonnances lésaient, dans ses racines mêmes, la vie économique de l'Amérique, établie presque exclusivement sur l'exploitation de l'Indien. Pour cette raison, la rébellion de Pizarro fut un phénomène logique de réaction et de défense.

Mais on devrait étudier ces ordonnances comme une page de la vie du père Bartolomé de Las Casas, leur inspirateur et leur auteur ; on a contracté l'habitude de prendre cet homme pour un sentimental hyperbolique, tandis qu'en réalité il réunissait en lui un idéalisme fécond et de sages pensées politiques.

Peu de temps s'était écoulé entre Anaquito et Xaquixaguana, c'est-à-dire entre la victoire de Pizarro et sa défaite et son exécution, mais, bien plus que par les armes, il fut vaincu par l'abrogation des ordonnances dont l'application avait allumé la révolte.

En réalité la rébellion avait triomphé, quoique son chef audacieux y eût perdu la vie.

Bien des faits prouvent que la rébellion présomptueuse de Gonzalo Pizarro trouvait un terrain propice dans la société nouvelle.

A la suite de la déroute de Xaquixaguana, le rebelle fut exécuté ; conformément à la sentence, on démolit ses habitations et sur leurs fondations on fit passer la charrue et on sema du sel. Et cependant un ancien soldat du vice-roi Nuñez Vela, appelé Francisco Hernández Girón, bouleversa de nouveau le Pérou d'une manière terrible. On dépensa de très fortes sommes et la vie de cinq cents Espagnols et de deux mille Indiens pour le battre à Pucará. Comme dans un incendie mal éteint des brandons s'avivaient çà et là et de nouvelles flammes montraient leurs langues de feu dans toute l'Amérique méridionale.

A peine Pizarro était-il exécuté qu'éclata la conjuration de Francisco Mergarejo et de Francisco Miranda. Luis de Vargas, en 1552, cherche à soulever Lima en profitant de la mort du vice-roi Mendoza. Sébastián de Castilla prend les armes, dans les Charcas (1), en 1553, sans que le châtiment sévère d'Hernández Girón retienne dans l'obéissance Francisco de Silva, dans le Nord. Vient enfin la diabolique entreprise de Lope de Aguirre.

On vit encore se soulever, à Pastos, Gonzalo Rodríguez ; à Panama, Rodrigo Méndez. Il y eut des séditions à Nombre de Dios (2) et à Santa Marta.

Mais la rébellion la plus importante après celle de Pizarro — et elle éclata peu de temps après la répression de celle-ci — ce fut celle de Hernando et de Pedro Contreras ; c'étaient les fils du gouverneur du Nicaragua — en déplacement à ce moment-là en Espagne — et les petits-fils de Pedrarias Dávila.

A peine adolescents, cédant aux suggestions de Juan Bermejo, soldat de Pizarro réfugié au Nicaragua, ils prirent les armes et, avec l'assassinat de l'évêque Antonio Valdivieso, ils donnèrent le signal de la rébellion. Ils armèrent des navires, s'emparèrent de León, de Granada (3) et de Panamá et ils se disposaient à pousser leur succès jusqu'au Pérou. Ils avaient l'intention de

---

(1) Les Charcas, province du Pérou.
(2) Nombre de Dios, sur la côte de Panama.
(3) León et Granada, villes faisant jadis partie du Guatemala et aujourd'hui du Nicaragua.

s'unir là avec les partisans de Pizarro et d'y proclamer Hernándo Contreras comme Prince, titre
qu'ils avaient déjà commencé à lui donner pendant leurs incursions et leurs coups de main.

Le Président La Gasca affirmait, dans la lettre
où il rendait compte de son retour, « qu'il aurait
été facile à Contreras de renouveler, au moins,
la guerre de Gonzalo Pizarro. »

La chronique sur la campagne des Contreras
est une des plus curieuses de ce siècle ; elle constitue un document plein de couleur sur la situation et l'état de l'Amérique du XVIᵉ siècle. Si ce
n'était la précision des faits et leur authenticité,
on croirait voir là l'œuvre fantaisiste d'un romancier.

En 1559, Pedro de Orsua avait obtenu du Marquis de Cañete la mission d'explorer la région
de l'Amazone. Dans cette troupe s'enrôla Lope
de Aguirre. Maquignon de profession, blasphémateur, mauvais payeur signalé, qui avait laissé
des comptes en souffrance dans toutes les villes
par où il était passé durant vingt-quatre années
de courses errantes, depuis Tombez jusqu'aux
Charcas. Aguirre se débarrassa d'Orsua et ensuite de Fernando de Guzman, qu'il avait élevé
à sa place, puis il prit le nom de : « Prince de
Terre Ferme, du Pérou et du Chili. » Il conçut
alors le projet fantastique de retourner au Pérou,
de s'en emparer et de le rendre indépendant de

l'Espagne. Il descendit tout le cours de l'Amazone, débarqua à l'île Margarita (1) revint par mer au Venezuela et là il pénétra dans les terres et prit la direction du Pérou ; il dévastait les villes qu'il traversait et plongeait dans l'épouvante celles qui se trouvaient sur sa route.

Auparavant, il avait adressé au Roi, en le remettant au tribunal de Santo Domingo, un cartel de défi, très curieux comme expression naïve de l'arrogance frénétique d'un conquérant au XVIᵉ siècle.

« J'ai renoncé à être ton sujet, roi cruel et ingrat, pour te faire la guerre la plus sauvage. Je jure solennellement, avec mes deux cents bandits, de ne laisser la vie à aucun de tes serviteurs. » L'écrit constituait, à l'encontre des gouverneurs et des évangélisateurs, un réquisitoire d'une crudité impressionnante. Il se qualifiait : « ...Lope de Aguirre, le Voyageur, basque de naissance, rebelle jusqu'à la mort à cause de ton ingratitude. »

Sa campagne, jusqu'à sa défaite, ne fut qu'une course folle remplie de crimes. Tombé enfin au pouvoir de García Paredes, il fut décapité à Tocuyo : « Il était heureux, disait-il, d'aller en Enfer, car il y rencontrerait Alexandre et César, et non pas au Ciel, où l'on ne voit que des gens

---

(1) Dans la mer des Antilles.

de peu d'importance, comme des pêcheurs et des charpentiers. »

Gonzalo Pizarro et Lope de Aguirre furent les seuls à proclamer et à crier leur rébellion contre le Roi, mais les sentiments et les intérêts qui avaient fait éclater cette révolte restaient vivants dans les entrailles de la société nouvelle.

Lorsqu'on donne des instructions au magistrat qui devait recevoir de Cortés la reddition des comptes de sa charge, on lui demande de vérifier spécialement : « si Cortés reste fidèle au roi ; s'il compte faire tout ce qu'il lui plaira ? Se fie-t-il aux Indiens ? Quelle artillerie possède-t-il ? » Et encore : « Donne-t-il des preuves qu'il s'est préparé à devenir rebelle et à se convertir en tyran ? » Il y a des témoins qui se prononcent affirmativement ; l'un déclare : « Il a porté des insignes de prince et de roi. » Un autre lui attribue ces paroles : « Cette terre, nous l'avons conquise ; elle est à nous ; puisque le roi ne nous la donne pas, nous la prenons. » L'imputation serait-elle fausse que la phrase synthétise la progression de l'état d'âme qui inspira au conquérant l'ambition séparatiste.

Longtemps après la tentative de Gonzalo Pizarro, Fernández Barreto, obscur capitaine, eut lui aussi, en 1572, des rêves princiers ; il aspirait à se faire couronner à Cuzco. A cette hauteur s'élevait cette humeur de rébellion qui

minait la soldatesque. Cette fois-ci, la cérémonie
princière aurait été plus complète, car elle devait
comprendre le couronnement de « l'Indienne
Catalina avec laquelle ce prétendant était lié. »
Tel est le rapport fait devant témoin, à Quito,
par Julio Vargas Escalona.

V

Il n'était pas nécessaire de s'enrichir dans les
mines ni d'avoir une bonne répartition d'Indiens,
il suffisait d'une lieutenance de gouverneur ou
d'une opération fructueuse pour que nous puissions dire des soldats et colons d'Amérique, plus
justement que Quevedo, de leurs frères d'Espagne : « Ils languissent d'être des gentilshommes, ils se font donner du Monseigneur,
ils meurent d'envie de devenir des Princes. »
Martín Cortés, fils de Hernán, disait, dans un
rapport envoyé à la Cour, qu'au Mexique « se
lèvent tous les jours huit cents Espagnols qui
n'ont pas de quoi manger. » Parmi huit mille
Espagnols — dit un mémoire sur le Pérou du
milieu du XVIe siècle — « sept mille n'ont rien
à faire ; ils ne se livrent à aucun travail ; ils ne
piochent ni ne labourent, parce que, disent-ils,
ils ne sont pas venus en Amérique pour cela. »
Le marquis de Cañete qui gouverna le Pérou

à cette époque, en 1562, y rencontra beaucoup de pauvres honteux, de métis misérables et vagabonds, d'enfants trouvés. Ces enfants-là auront bientôt leur tour ; quant aux autres, ce sont des milliers d'oreilles attentives à écouter la voix de tout fauteur de trouble, ce sont des audacieux toujours prêts à suivre son appel.

Ces obscurs aventuriers allaient à la maraude dans les villages, aux embarcadères des navires, à l'affût de nouvelles qu'ils inventaient au besoin, oiseaux pillards bien décidés à faire leur récolte d'été.

Ils rôdaient à travers les hameaux des Indiens, vendant des bagatelles, éprouvant le fil de leurs épées ou la prestesse de leurs mains, et semant partout des métis : c'était là d'ailleurs tout ce qu'ils semaient.

Le vice-roi, marquis de Cañete, donnait d'eux cette bonne définition : « Toute leur tristesse vient de l'idée que, peut-être, va régner le calme et la paix. »

Ils trompent leur faim avec des ripailles imaginaires, et ils tuent le temps, en attendant la fortune rêvée, avec les cartes et les dés, pièces les plus importantes de leur bagage sommaire.

Sur des centaines de lieues, ils vont et ils viennent, se vantant mensongèrement de leurs grandesses, de leurs attaches à la Cour, ou de hauts faits dans les Flandres ou en Italie. Avec

la sûreté de leur flair, ils avivent les rancunes,
ils excitent l'orgueil d'un capitaine ; les querelles
et les conjurations éclatent, et alors s'organisent
les bandes et les révoltes au cours desquelles
ils espèrent faire briller leurs épées et voir gros-
sir leurs gains.

Ils ont des poings solides pour prendre les
gens à la gorge, des bras lestes pour tirer la
dague, des cœurs trempés pour les coups de
main.

On doit, par suite, reconnaître la logique avec
laquelle vice-rois et gouverneurs firent du gibet
un instrument habituel de gouvernement.

Nous ne sommes qu'à trente années de la
conquête du Pérou, et près de vingt-cinq ans se
sont écoulés en déprédations, en luttes, en exter-
minations, en révoltes acharnées, depuis la bataille de Salinas, en 1538, jusqu'à la mort de
Lope de Aguirre, en 1561.

Quelle que soit la part maladive qu'on puisse
trouver dans des cas comme celui de Lope de
Aguirre, dont la rébellion fut cependant, d'après
le chroniqueur Toribio Ortigueira, « une des
plus redoutables qu'on ait vues dans les Indes, »
nous nous tromperions en considérant ces révoltes
comme sporadiques et artificielles. Les capitaines
du XVIe siècle furent altiers et entreprenants, fantaisistes et intrépides, moins avides de s'enrichir
sans limites que de commander en souverains et

d'accomplir des choses grandes et mémorables.

Le licencié Altamirano écrit de Lima, vers le milieu du XVI⁰ siècle : « Donnerait-on à un Espa-gnol toute la terre, il ne s'en contenterait pas et trouverait que c'est faire peu de cas de lui. »

Venait ensuite, c'est clair, cette multitude de cadets et de gens de second rang, renfort naturel pour toute entreprise ambitieuse et risquée.

Ajoutons qu'ils avaient, comme avides collabo-rateurs, les métis, les mulâtres, les *zambos* (1), qui maraudaient autour des villages, spéciale-ment dans le voisinage des ports, sans occupa-tion connue, prêts à faire partie de la canaille qui encourage tous les attentats. Les ordonnances visent fréquemment ces gens-là. L'anarchie était permanente et profonde.

Le licencié Cerrato écrivait du Guatemala, en 1548 : « On a délivré des prisonniers que j'avais — des révoltés ayant fui le Pérou — ; *dans cette région, en effet, les gens s'apitoient beaucoup sur les traîtres.* »

Le Pérou, dont le renom de richesses a attiré les plus audacieux de ces hommes, reste sans rival en Amérique, quant aux bouleversements, aux émeutes et à la paresse.

Voici ce que disait le licencié Bravo de Sara-via, de l'audience de Lima, sous le gouverne-

____

(1) *Zambo*, fils de nègre et d'Indienne.

ment du marquis de Cañete* : « Aussi longtemps qu'il y aura autant de gens perdus qu'il y en a dans ce pays — et le nombre en augmente tous les jours — les troubles ne pourront cesser, et Dieu veuille qu'ils ne causent pas la perte fatale du Pérou. »

L'auditeur Altamirano assurait que le mouvement de Hernández Girón ne s'était pas terminé avec sa mort : « Il a, en effet, beaucoup de ramifications, de feuilles et de racines. » Cette révolte fut comme celle de Pizarrro profondément populaire.

Les gouverneurs protestaient contre la venue d'hommes sans situation, et ils demandaient qu'on l'empêchât. L'un d'eux même conseillait de ne laisser venir aucun Espagnol et il proclamait : « la nécessité de nettoyer le pays de ceux qu'il y a. Si le soldat n'a pas de quoi manger, il le cherchera, quand même il saurait qu'on le pendra. »

Le roi ordonna l'expulsion des vagabonds, mais ses prescriptions manquaient trop de force pour être observées dans des lieux si éloignés.

Le vice-roi, comte de Nieva, disait, en 1563 : « J'ai commencé, ces jours-passés, à expulser quelques-uns de cès gens-là et je les ai fait embarquer, mais le gouverneur de Terre Ferme a agi contrairement; il a fait mettre en liberté ceux que je lui ai expédiés, et peu de temps après ils sont revenus dans ce royaume. Le plus fâcheux est que ceux qui partent, expulsés, et qui reviennent après, arrivent avec des intentions pires qu'avant ; ce sont eux surtout qui, dans la suite, provoquent des émeutes et soulèvent les gens. »

Un des moyens de « nettoyer la région » était d'expédier des capitaines vers de nouvelles découvertes, chaque fois qu'on mettait fin à un soulèvement ou à une révolte. Ainsi, on purgeait les villes de cette humeur vénéneuse : les soldats sans solde et sans occupation.

Quand ils s'éloignaient des villes et des routes fréquentées et pénétraient, comme Lope de Aguirre, dans des régions inconnues et étranges, ils pouvaient en arrriver comme lui à l'ivresse morale et à la folie. Lope de Aguirre avait parcouru en dix mois et demi, avec ses compagnons, les quinze cents lieues de pays que traverse l'Amazone, et ils se nourissaient de viande de cheval et de chien.

Ce moment du XVIᵉ siècle ne pouvait se répéter, et les figures de Gonzalo Pizarro, de Francisco Carvajal ou de Lope de Aguirre, resteront uniques ; cependant un air de famille les rapproche d'autres personnages connus de l'histoire moderne de l'Amérique.

Le premier de tous, Gonzalo Pizarro est le prototype de cette suite de tyrans populaires et cruels, engendrée au milieu du chaos social de l'Amérique actuelle, depuis Rosas jusqu'à Cipriano Castro.

Lope de Aguirre, lui, est l'auteur d'une race prolifique, celle de ces *montoneros* (1), de ces guerilleros factieux, qui ont désolé l'Amérique Espagnole ; atteints du prurit du commandement, ils adoptent le crime comme moyen de gouverner ; leur théorie politique est le séparatisme, brillant étendard avec lequel ils surexcitent l'orgueil instinctif des populations. Ils se succèdent ainsi, depuis le *moine* Aldao ou el Chacho, en Argentine, jusqu'à Pancho Villa, au Mexique.

Dans les rapides tableaux que nous avons esquissés nous avons ainsi vu naître l'esprit factieux, la discorde interne, le poison de la guerre civile, germes qui n'ont pas encore disparu de la terre où ils furent si prématurément semés.

De même qu'il y avait jadis plus d'inimitié entre Almagristes et Pizarristes qu'entre Mores et Chrétiens, d'après la phrase vigoureuse que nous avons citée, dans beaucoup de régions de l'Amérique Espagnole d'aujourd'hui, la haine entre frères est si profonde qu'une faction préfère s'allier à l'étranger plutôt que de renoncer à ses ambitions, et elle finit même par livrer à ces étrangers la clef du foyer.

----

(1) *Montoneros*, bandes de séditieux.

CHAPITRE VII

Esprit religieux — Gouvernement spirituel

I

La fidélité de l'Espagne à la royauté, l'esprit chevaleresque, le culte de la femme, les motifs grandioses de la poésie de son Romancero et de ses chansons de gestes, dégénérèrent ou disparurent en Amérique.

L'esprit religieux, qui est un des autres caractères particuliers de l'âme espagnole, subit chez nous le même changement.

« Pour exécuter l'entreprise de la découverte des Indes, écrit Colomb dans son livre sur les Prophéties, ni les raisonnements, ni les mathématiques, ni les cartes de géographie ne me furent utiles ; on vit simplement s'accomplir ce qu'avait dit Isaïe. »

Dans une lettre au Pape, il déclarait que l'entreprise avait eu pour objet « d'employer les richesses qu'on en pourrait tirer à racheter le Saint-Sépulcre. »

Son ambition mystique s'exalta, dès le lendemain de la découverte, avec l'idée qu'il serait l'annonciateur de l'Evangile dans un monde de païens.

Son propre nom devint, à ses yeux, un indice providentiel de sa mission, Cristoforo : *Christum ferens*, le porteur du Christ.

Dans ses écrits se révèle un esprit religieux qui tourne au délire, ainsi que cela apparaît lors de son quatrième voyage : se voyant alors en danger de faire naufrage, il entendit une voix mystérieuse qui le consolait dans son désespoir et lui rappelait sa mission divine.

C'est sous l'influence de ces sentiments religieux que fut découverte l'Amérique.

Nous savons que l'évangélisation des Indiens constitua le but primordial de la politique conquérante du pays nouveau, dans l'esprit de la reine Isabelle, et cela avec une sincérité particulière et sans aucune restriction ; ses efforts passionnés pour réaliser ses intentions donnent à sa vie une beauté impressionnante.

Les cédules royales, les instructions, les pragmatiques, les ordonnances qui, à toute occasion, étaient expédiées en Amérique, comportaient, comme inspiration fondamentale, la soumission des Indiens à la foi catholique. Sur chaque galion ou navire devait se trouver un chapelain ; chaque expédition devait emmener un confesseur.

Une église, une chapelle, tout au moins un oratoire fait de branchages et de terre, s'élève à côté des cabanes qu'improvise l'avant-garde exploratrice dans les premiers parages où elle fait halte. Une cérémonie et une invocation religieuses s'effectuent parfois, à l'ombre des arbres, au milieu du désert, sans autre rite qu'une prosternation devant la croix qu'élève le prêtre de l'expédition. Des noms de Saints signalent les étapes du chemin.

Il y a des formules liturgiques pour sanctifier le moindre acte de cette vie guerrière : le départ, l'arrivée à un grand fleuve, l'exploration d'une montagne, le moment de l'attaque, l'érection de la potence dans le lieu où l'on va planter un des jalons de l'entreprise aventurière.

L'influence ecclésiastique pénètre la vie entière. Dans la *Recopilación de leyes de Indias*, les vingt-cinq premiers articles sont consacrés à l'organisation de l'administration religieuse. N'oublions pas que nous sommes au lendemain de la conquête de Grenade, qui avait couronné la lutte de plus de sept siècles contre l'Islam, et de l'expulsion des Juifs, acte par lequel le vainqueur a obtenu la complète unification de sa foi. Toute gonflée de passion religieuse, l'âme espagnole n'était cependant ni contemplative, ni mystique, mais belliqueuse et redoutable.

Survenue en ce moment de triomphe, la découverte semblait livrer au vainqueur, comme une récompense providentielle, la possession de l'Amérique.

En dehors des enfants de Mahomet, d'autres infidèles s'offraient au prosélytisme qui avait purgé l'Espagne d'hérétiques.

L'esprit religieux espagnol était caractérisé, depuis fort longtemps, par une ferveur plus profonde que celle des autres pays convertis, par une vision plus tragique du péché, et par une conscience plus tourmentée par lui ; cela donnait aux Pères de l'Eglise nés sur cette terre un accent désespéré.

En Europe, à la suite peut-être d'affinités sémitiques, il semblait que la passion religieuse, semence venue de l'Asie, eût retrouvé, en Espagne, sa terre natale.

Ajoutons que cet esprit religieux était particulièrement ecclésiastique et monastique, et qu'il s'était allié avec le pouvoir politique par une profonde pénétration réciproque. Eglise et Gouvernement ne firent qu'un. Les Conciles furent des assemblées civiques. Le sentiment religieux perdit son caractère d'intimité pour ne devenir qu'une règle sociale. La rigueur rituelle s'imposa comme un signe nécessaire. La ferveur ne suffit plus ; il faut qu'elle soit manifestée et prouvée par l'effusion. Mais, à la longue, cette extériorité finit par remplacer le sentiment. La formule devient plus rigoureuse quand le fond s'est perdu. Il en est ainsi de ces combattants qui, lancés tout entiers dans une mêlée, en oublient la cause qui les poussa à se battre, ou encore de ce guerrier de l'Arioste qui continuait à lutter même après sa mort.

Il est une scène, dans les commencements de la conquête, qui nous a frappé comme symbole de ce qu'il y avait de purement liturgique dans l'esprit religieux espagnol transplanté en Amérique.

Au camp de Cortés arrivent, de la part de Moctézuma, des messagers qui apportent les grandes nouvelles de la richesse du monarque aztèque.

Cortés évoque dans son esprit ce que sera l'immense butin qui l'attend. « Alors il s'exclama, raconte Bernal Diaz : Ce doit être un bien grand seigneur et un prince fort riche que Moctézuma. » et le chroniqueur continue : « mais, comme c'était l'heure de l'Angelus, tous s'agenouillèrent et prièrent. »

Ce caractère pathétique de l'esprit religieux espagnol présente divers exemples, à cette époque de l'histoire de l'Amérique.

Doña Béatrix de la Cueva, *la Sin Ventura* (1),
veuve du gouverneur Pedro de Alvarado, passa
pour folle, tant elle se livra, à l'occasion de la
mort de son mari, à d'étranges démonstrations
de deuil.

Elle fit peindre en noir l'intérieur et l'exté-
rieur des murs de son habitation, et elle passait
son temps dans les larmes et les pâmoisons.

Son cas évoque le souvenir de la reine Juana,
devenue, elle aussi, folle d'amour.

Le père Pedro Torres, évangélisateur très méritant du Tucumán, lors d'une prédication de
Carême, devant une grande foule d'auditeurs,
monta en chaire, portant sur la tête une couronne
d'épines, et il l'enfonça avec ses mains jusqu'à
ce que le sang commençât à couler.

Le chroniqueur ajoute qu'à la suite de cet acte
il recueillit de grands fruits de sa prédication.

II

Quand on étudie la conquête de l'Amérique,
on éprouve constamment la tentation de la comparer à l'invasion des Germains dans l'Europe
latine.

Ces deux événements se ressemblent en se sens

---

(1) *La Sin Ventura,* on l'appelait ainsi : celle qui n'a pas
eu de chance.

qu'ils constituent le contact violent de deux civilisations à des degrés fort différents et qu'ils forment les deux phases les plus importantes de l'histoire de l'Occident.

Ce furent là aussi deux périodes décisives dans la propagation du christianisme : la première soumit l'Europe, et la seconde l'Amérique, à la foi chrétienne.

Cependant ces deux périodes suivirent leur cours dans des conditions bien différentes. Le Christianisme, pendant les premiers siècles, avait triomphé par le pouvoir qu'il donnait à ses adeptes de faire abstraction d'eux-mêmes et de braver la mort.

En Europe, ce furent les conquérants qui embrassèrent une religion nouvelle, tandis qu'en Amérique les vainqueurs voulurent assujettir à leur foi les vaincus.

Là, on vit la force triomphante céder à une influence purement spirituelle ; ici, la conversion fut exigée à la pointe de l'épée.

L'esprit joue toujours de mauvais tours à la violence. C'est là aussi son unique revanche. Ainsi donc la catéchisation imposa des formules, des règles, des cérémonies, des rites qui recouvrirent simplement, comme un vêtement, le fond fétichiste des catéchumènes.

En Europe, ce fut une œuvre populaire sortie de sources obscures et profondes ; en Amérique, ce fut une entreprise d'Etat, une affaire de Cabinet, un plan de Gouvernement. Ici, le Roi conrédait les évêchés et toutes les dignités de l'administration ecclésiastique. Très souvent, sous l'influence des favoris de la Cour, il légiférait sur la catéchisation, il formulait la doctrine, octroyait les ressources de la Couronne et s'attachait au succès de cette réglementation avec une ardeur infatigable. En vérité, ces mesures étaient considérées comme une affaire principale et de premier plan ; mais son action manquait de substance et de chaleur, comme toute action spirituelle qui s'appuie sur l'épée. De cette ferveur imposée par décret naquit le patronage royal, amalgame de spirituel et de temporel, profit avec lequel l'Etat se remboursait de ses efforts d'évangélisation.

On vit donc les gouverneurs qui venaient diriger l'exploitation de l'empire colonial, attentifs à la prospérité de leurs factoreries et au recouvrement de leurs taxes, se livrer, dans des affaires d'une nature aussi intime que celles des questions religieuses, à une intrusion qui occasionna des querelles et des conflits, et qui fit échouer les intentions projetées de l'évangélisation . Dans toute l'Amérique vécurent, en conflits perpétuels, les vice-rois avec les évêques, les gouverneurs avec les doyens et les vicaires généraux, les *corregidores* avec les missionnaires.

C'étaient les mauvais évêques qui vivaient en bonne intelligence avec les vice-rois et les auditeurs, et non l'évangélisateur du Mexique, Juan de Zumárraga, le saint du Pérou, Toribio de Mogrovejo ; ce dernier, avec son infatigable humilité, força le vice-roi, marquis de Cañete, à s'épancher dans des correspondances et des intrigues interminables.

Dans l'Europe envahie par les Barbares, jusqu'à la conversion de Recarède et de Clovis, les fidèles élisaient leurs pasteurs, qui étaient pour eux comme des capitaines dans la lutte contre les pouvoirs politiques.

Saint Augustin, quand il voulut faire élire son successeur, convoqua les fidèles dans l'église d'Hippone.

Ceux qu'opprimaient les persécutions impériales avaient, dans l'élan de leurs cœurs, élu Saint Martin de Tours, l'apôtre de la Gaule. Les pasteurs tenaient leur mandat de Jésus-Christ lui-même. Leur force provenait de ce qu'ils étaient la voix des pauvres, des attristés, des misérables.

Ils n'étaient pas protégés par l'Etat, mais ils défiaient son pouvoir et ses efforts parce qu'il leur était promis, dans une autre vie, un asile inviolable dont l'espérance donnait toute sa saveur au mépris du monde. La foi chrétienne laissait couler ainsi son baume essentiel de religion d'amour et de consolation pour les vaincus et les opprimés.

La conquête spirituelle de l'Amérique, si nous la comparons à celle de l'Europe, présenta un autre caractère défavorable. Durant le siècle de la conquête, dans ce dernier pays, existait une famille régulière ; dans l'autre, elle fit défaut.

Après les invasions des Barbares, dans les provinces romaines, se constitua solidement la famille fondée sur les égards réciproques et sur la préservation de sa pureté.

Dans l'Amérique du XVI° siècle, à l'inverse, la famille naquit d'une union mal assortie de l'Espagnol et de l'Indienne. Ce fut là, pour le conquérant, un incident de son aventure guerrière, un intervalle de repos dans les agitations de sa course. Même comme refuge matériel, le foyer n'existait pas habituellement, car pères et enfants ne vivaient pas ensemble, ainsi que nous l'avons expliqué ailleurs.

La famille est le feu où s'allume la foi religieuse qui nécessite l'intimité et l'affection, c'est-à-dire l'ambiance naturelle du « foyer ».

Fustel de Coulanges a montré quelle étroite alliance forment la famille et la religion, et comment, de cette origine, sortirent les civilisations de la Grèce et de Rome.

Fondateur de la société américaine, le fils de la mère indienne apprit sur ses genoux une reli-

gion dans laquelle s'étaient amalgamés étrange-
ment le fétichisme de la tradition maternelle avec
des leçons chrétiennes que la grossièreté des
aborigènes obligea de matérialiser.

Ajoutons que le conquérant germain ne s'empara pas de tout le sol conquis ; il en laissa une
partie aux vaincus et s'appliqua à cultiver ses
propres terres. Après son établissement dans les
provinces romaines l'agriculture fut le travail le
plus ordinaire.

Le conquérant de l'Amérique, au contraire,
bien qu'il fût devenu maître de tout le sol, mé-
prisa l'agriculture, car il préféra se reposer aux
dépens du travail de l'Indien. Le témoignage
unanime des employés de l'Etat et des chroniqueurs dit que par milliers pullulaient les gens
oisifs, sans situation et sans ressources, à l'affût
d'émeutes et de soulèvements nouveaux, pour y
trouver l'occasion de faire montre de leur force
et pour y attraper quelque sinécure.

Un tel état d'indiscipline sociale et d'agitation
ne laisse pas de temps pour la préoccupation religieuse, qui est avant tout un penchant à méditer,
et lui enlève toute saveur.

C'est un lieu commun, chez les historiens, que
l'établissement d'un parallèle entre la formation
du Nord et celle du Sud de l'Amérique. A cet
égard, la comparaison est intéressante. Les puri-
tains de la Nouvelle Angleterre, eux aussi, aspi-

rèrent à la théocratie comme les sociétés nouvelles de México et de Lima, et ils pratiquèrent de même l'intolérance, contrairement à ce que l'on croit d'ordinaire.

Cependant il est vrai aussi que, de très bonne heure, dès le milieu du XVI° siècle, dans l'Amérique du Nord, faisait son chemin cette idée que le gouvernement civil doit rester étranger aux choses religieuses. Et ces confessions dissidentes, si nombreuses dès le premier moment, telles que celles des quakers et des baptistes, activèrent ce processus qui signifiait que l'Etat doit rester absolument séparé de la Religion.

La fréquentation de la Bible et la constitution d'une famille homogène — le conquérant et le colon en effet ne s'unirent pas avec la femme indienne — aidèrent à l'enracinement des idées et des coutumes chrétiennes.

La formation religieuse du Canada paraît, elle aussi, différer de celle de l'Amérique espagnole. L'église française se caractérisa, dans le Nord de l'Amérique, par une ferveur d'apostolat et de prédications évangéliques, dont la pénétration se reconnaît à ce fait qu'aujourd'hui encore elle est un foyer de catholicisme militant.

L'action du missionnaire français dédaigna la politique purement commerciale et enracina, avec l'implantation de l'agriculture, le transfert d'une Eglise chrétienne sans mélanges, ainsi que vient

de le prouver Georges Goyau, dans son livre sur
« les Origines Religieuses du Canada. » Cette
immigration du Canada rappelle donc celle de la
Nouvelle Angleterre dont l'activité économique
s'appliqua, elle aussi, à l'agriculture, et constitua,
dès les premières décades, une société de petits
propriétaires ruraux.

Nous pourrions dire, maintenant, pour employer une formule synthétique, que la première
partie de la vie sociale hispano-américaine fut
militaire et politique, en opposition avec celle du
Nord de l'Amérique qui fut agricole et individualiste, et qu'en religion les doctrines du Sud
furent principalement dogmatiques et celles du
Nord morales et pratiques.

III

Quelle intelligence supérieure, quelle compréhension clairvoyante, il aurait fallu à l'esprit
rudimentaire des Indiens pour reconnaître la religion de rédemption et de miséricorde, à travers
les procédés effrayants avec lesquels s'opéra la
conquête de l'Amérique, sous le prétexte d'assurer la conversion des infidèles : les dogues pour
conduire les indigènes liés entre eux ; le fer chaud
pour les marquer ; la répartition qui les livrait

à l'esclavage des commanderies, des travaux publics et du service personnel !

On pourrait reconnaître tout ce qu'il y a d'explicable et de raisonnable, jusqu'à un certain point, dans le régime qui pourvoyait aux exigences économiques de la conquête, au moyen du seul mode d'exploitation que possédaient les vainqueurs : le travail de l'Indien ; cependant, il faut admettre aussi que, par ce moyen, il était difficile d'obtenir cette conversion que réclamaient tous les documents officiels.

Voici deux anecdotes, l'une tragique, l'autre amusante, qui montrent bien les caractères de l'évangélisation des Indiens.

L'indomptable cacique de Cuba, Hatuey, fut condamné à être brûlé vif pour intimider les rébellions. Comme son confesseur l'exhortait à se convertir : « Y a-t-il des espagnols dans le Ciel ? » demanda le cacique.

Naturellement, la réponse fut affirmative ; alors le chef répliqua :

« Je ne veux pas aller dans un lieu où je pourrais les rencontrer. »

Le second fait est rapporté par le véridique chroniqueur, le père Reginaldo de Lizarraga. De retour d'Espagne, le provincial de son ordre reçut la visite de chefs indiens qu'avant son départ il avait instruits dans la doctrine de la religion chrétienne. Après avoir questionné l'un d'eux sur les choses de la foi, comme cet homme ne savait pas répondre, le père lui dit :

— Ne t'avais-je pas enseigné le catéchisme et ne le savais-tu pas bien ?

— Si, mon père, répondit l'Indien, mais, comme je l'ai enseigné à mon fils, je l'ai oublié.

« Pour défendre leur tyrannie, écrivait le père Bartolomé de las Casas, dans une lettre au Conseil des Indes, en 1555, les commandeurs donnent pour prétexte qu'ils apprennent l'Ave Maria aux Indiens qui leur ont été confiés.

« Voyez un peu quel catéchisme, ajoute le père, pour des gens qui ne savent pas si l'Ave Maria est un bâton, une pierre ou quelque chose de bon à boire ou à manger.»

« Chez les Indiens baptisés, dit au Conseil des Indes, en 1566, le bachelier Sánchez, il n'y a pas une once de foi. Par leur apparence, ils rappellent les singes : très prompts à s'administrer des coups de discipline, à pleurer en confession, à entendre messes et sermons ; vous les quittez et, deux heures après, il n'en reste plus rien. »

La même verbosité que nous signalerons bientôt dans les cédules et les lois tendant à préserver les Indiens de l'esclavage, nous la constatons dans les emphatiques et prolixes prescriptions relatives à leur évangélisation.

Les résultats sont identiques, parce que les causes le sont.

Nous allons assister à présent à la naissance de l'irréligion en Amérique.

IV

Non seulement l'évangélisation de la population américaine ne se réalisa pas dans des conditions répondant aux désirs de la Couronne, mais le vainqueur lui-même, dans sa patrie nouvelle, vivant dans l'atmosphère sanglante des actes cruels de la conquête, vit s'opérer un relâchement dans sa conscience chrétienne.

Dans leur zèle les catéchistes rencontrèrent de plus rudes obstacles du côté des conquérants que de celui des Indiens.

Pour une raison justifiée, au témoignage des chroniqueurs qui détenaient ou attendaient des prébendes, nous préférons les dires d'obscurs employés, de frères mineurs ou de simples habitants des Indes, qui n'écrivaient pas pour la postérité.

Déjà, en 1516, quatorze dominicains expédièrent d'Hispaniola une longue lettre qui constitue un précieux document :

« Une des plus fortes persécutions, disent-ils, qu'a subie notre sainte foi catholique depuis que notre Rédempteur l'a fondée, est celle dirigée par les conquérants contre l'action des missionnaires ceux-ci catéchisaient les indigènes et les autres les tuaient. »

« Du peu d'esprit chrétien qu'il y a chez les Indiens, dit une lettre de 1556, la cause provient pour moitié du mauvais exemple : nous leur disons une chose et en faisons une autre ; l'Indien observe fort bien ce que je fais et oublie ce que je dis. »

Quelques documents provenant du licencié Quiroga, qui résidait au Mexique en 1528, révèlent la pénétration et l'indépendance de son esprit :

« Dans ce Nouveau Monde, disait-il au cours d'une enquête faite cette année-là, l'Eglise Nouvelle endure plus de persécutions de notre part à nous, mauvais chrétiens qui venons l'implanter, que la Primitive Eglise n'en supporta des païens ; ils voulaient la détruire et ils la fortifièrent avec le sang des martyrs, mais nous qui sommes venus pour l'édifier, nous la détruisons par nos mauvais exemples et nos mauvaises actions pires que celles des infidèles. »

De Lima, plusieurs années après, le licencié Altamira émettait des idées semblables.

Les passions des factieux furent beaucoup plus puissantes que le zèle des évangélisateurs.

C'est dans l'infernal incendie qu'allumèrent les luttes pour les gains cruels des commanderies que durent se forger des types achevés de furie homicide comme Francisco Carvajal ou Lope de Aguirre, qui se qualifièrent eux-mêmes avec une sincérité cynique de : « Ennemis de Dieu et des hommes. »

« La doctrine religieuse ne fut pas implantée en ce pays dans de bonnes conditions, constatait le vice-roi du Pérou, Henríquez; on la considère comme chose accessoire et les ministres chargés de la faire pousser sont trop mous. »

Se plaignant du résultat nul qu'on retirerait des moyens employés pour christianiser les Indiens, le licencié Quiroga rapportait une curieuse historiette : « Dès le commencement de la conquête du Mexique, un Indien, possédé du diable, avait dit qu'il s'attristait moins de la venue du Christ en Amérique, en pensant que, cent ans plus tard, les Espagnols auraient oublié la façon de s'y prendre pour convertir les naturels. »

On peut ainsi s'expliquer que les voyageurs découvrent dans les pratiques et les croyances de quelques groupes de l'Amérique espagnole, chez lesquels la prédication s'exerça il y a quatre siècles, la survivance de cultes démoniaques, de superstitions puériles, d'origine indienne antique, sous un léger vernis de paroles chrétiennes.

Il y a lieu de tenir compte encore, dans cette mixture, des importations lubriques du fétichisme des esclaves africains.

Dans la mythologie populaire américaine, il

reste des souvenirs apparents de la religion indienne que les chroniqueurs nous ont décrite de si prolixe façon. C'est une des branches les plus vivantes de l'histoire coloniale que celle qui nous transmet les pratiques religieuses des Indiens.

Les livres des chercheurs modernes, qui ont étudié le folklore, en ont retrouvé très visibles les traces. Ces superstitions sont dissimulées sous des noms espagnols, mais leur substance aborigène frappe l'attention. La preuve n'en est pas nécessaire et elle ne trouve pas ici sa place.

Signalons seulement quelques faits :

La pratique du *velorio* (1) de la veillée funèbre des enfants, si répandue dans les pays américains, et dans certains cas même la fiction de l'enfant mort comme occasion de festoyer (2), est une réminiscence de la bacchanale comme cérémonie cultuelle.

La croyance « au diable familier », enracinée chez les populations du Nord de l'Argentine, est une superstition sans origine chrétienne reconnaissable. En revanche, la *salamanca* (3) con-

---

(1) Ce *velorio*, veillée des enfants morts, ou supposés morts, était et reste dans l'Amérique du Sud une occasion de danses et de ripailles.

(2) *Huelga*, dans le texte *juerga*, chômage, fête employée surtout à boire.

(3) La *salamanca* est un lieu souterrain qui servait, disait-on, de repaire aux sorcières.

serve une idée chrétienne, celle du mal tentateur, mais laisse transparaître l'impression d'épouvante des religions primitives et conserve l'idée des sacrifices humains.

Dans le livre des *Supersticiones* de J. B. Ambrosetti (1), on retrouve une foule de ces survivances.

Cuervo Marquez (2) raconte, dans ses *Estudios Etnográficos*, ce qui est arrivé à Suin, en Colombie, en plein XIX° siècle. Suggestionnés par un vieil Indien, les indigènes, sur l'ordre d'une apparition que tous virent et entendirent, détruisirent les images et les autels catholiques en installant à leur place d'authentiques images et autels indiens qu'ils adoraient. Pour faire cesser les troubles qui éclatèrent il fallut employer la force armée.

Humboldt, dans son *Essai sur la Nouvelle Espagne*, a reconnu que, pour les Mexicains, l'Esprit Saint était l'aigle des Aztèques. On sait que les Jésuites furent accusés d'avoir donné aux saints de l'Eglise, les noms des idoles indigènes, recours transparent d'une catéchisation efficace. Jusqu'à ce jour persistent dans la sentimentalité hispano-américaine ces quelques traces de fétichisme ; on y relève encore le défaut de spiritualisme, l'attachement à l'extériorité rituelle, de

---

(1) Ecrivain argentin.
(2) Auteur colombien.

grossières croyances diaboliques que la christianisation superficielle de la conquête ne put pas
extirper.

Les observateurs des coutumes sociales des
peuples hispano-américains rapportent ces choses
en détail. Caroll Michener vient de le faire, dans
son livre : *The heirs of Incas* (1).

Quant aux classes élevées de la société nouvelle, elles donnent l'impression que les hommes
restent étrangers à toute préoccupation religieuse.
« C'est l'affaire des femmes », disent-ils. Dans
les cas les plus favorables, ils se maintiennent
sur le terrain d'une « neutralité bienveillante. »
Ils ne sont pas athées — être athée est dans une
certaine mesure un signe de méditation sur le
problème religieux — ils sont indifférents et
épicuriens.

En tant que l'esprit religieux est l'affirmation
d'une cause suprême de l'univers et l'aspiration
à communiquer avec elle, une compréhension à
la fois rationnelle et mystique de la Divinité, qui
ne réclame pas le stimulant du culte, c'est-à-dire
en tant que cet état d'âme correspond à un
spiritualisme pur qui voisine avec l'art et la
science, qui crée des devoirs impérieux sans
autre sanction que la conscience, ce sentiment
qui ennoblit la vie, nous pouvons dire que dans

---

(1) Les héritiers des Incas.

le monde occidental c'est l'Amérique espagnole qui le possède au plus faible degré.

La conversion de l'Amérique au Christianisme n'est pas un fait qui s'est accompli durant la conquête, mais une évolution dont le cours n'est pas encore terminé, surtout chez les masses populaires américaines, si du moins cette conversion doit se reconnaître à la formation d'une structure morale et d'une spontanéité subconsciente et non pas dans l'adhésion à des formules rituelles ou à un mimétisme vide.

Il est curieux de constater combien le rythme de cette évolution a été plus accéléré pendant le siècle dernier — ce qui a été l'œuvre des libertés religieuses, du contact avec l'Europe et les formes supérieures de son spiritualisme — que durant les siècles précédents où l'Etat mit au service de l'intolérance religieuse et de l'imposition officielle du dogme toute son organisation redoutable érigée sur les deux plus formelles négations de l'esprit chrétien : l'esclavage et la haine de l'étranger.

V

Le droit ecclésiastique dut se prêter aux exigences du nouveau milieu si peu favorable aux sévérités religieuses ; par suite, de nombreuses dérogations furent apportées à la règle commune de l'Eglise. Le manque de prêtres obligeait à faciliter les vocations, à réduire le nombre obligé de moines dans chaque couvent. On autorisa les évêques à absoudre les gens des péchés de schisme et d'hérésie dont le jugement était réservé au Saint Père. On décida que les procès ecclésiastiques devaient se terminer en Amérique. On dispensa, dans les mariages, d'empêchements de parenté et d'alliance.

La plus forte dérogation au droit ecclésiastique consistait dans l'admission de moines à la direction des paroisses. Cela comportait une violation du Concile de Trente, qui fut consentie par un bref de Pie V ; en 1622, Grégoire XV annula ce bref, mais il fut maintenu en pratique car on put invoquer une autorisation nouvelle d'Urbain VIII.

Les peines canoniques durent être modérées : « Dans les terres nouvelles où maintenant s'implante la foi, dit une loi de 1560, il convient d'apporter beaucoup de tolérance en matière d'excommunication. »

Les admonestations des évêques ne parviennent pas à rétablir la pureté des règles, car le clergé a subi la contagion du conquérant : « Ils cherchent à voler l'argent pour s'en retourner ensuite en Espagne », dit un employé de l'Etat.

La Cour prend des mesures, elle veut obliger à observer le vœu de pauvreté ; cependant, les plaintes des pasteurs continuent à se faire entendre. Déjà, dès le commencement de la conquête, les pères Héronimites, si sévères et si perspicaces, disaient que les religieux vivaient comme des gens sans pasteur ecclésiastique. On dut leur défendre de jouer aux cartes et de se servir de vaisselle d'or et d'argent.

Les prêtres ont subi l'influence corrosive du milieu nouveau.

Le Pape Pie V, en 1562, leur défendit de retourner en Espagne avec des richesses. « On m'informe, dit le bref pontifical, qu'il s'est ouvert chez les prélats un tel gouffre de cupidité que beaucoup d'entre eux s'approprient des richesses qu'ils recherchent là-bas secrètement. » L'obéissance et l'humilité ont fait place à l'arrogance et à l'ambition.

Avèc le temps, les modifications aux règles religieuses et l'esprit que la société nouvelle transmit à l'Eglise font se dégager d'elle une entité qui s'appela « l'Eglise américaine » ; le sacerdoce créole défendait ces libertés, en opposition avec le clergé de la Péninsule.

Ce phénomène s'accentua pendant la période des guerres de l'Indépendance et il se prolonge peut-être jusqu'à nos jours.

VI

La cause qui aggrava le mal ou le facilita fut cette intrusion du temporel dans le spirituel que signifiait le Patronage Royal.

Elle était immense, l'extension des pouvoirs du Patronage ; il ne s'occupait pas seulement du gouvernement spirituel, mais il s'appliquait encore aux règlements ordinaires de l'Eglise. Une autorisation du Pape, pour qu'un monastère de la Havane pût avoir des servantes, dut être soumise au Conseil des Indes.

On sait que l'Espagne demanda au Pape la création du Patriarcat des Indes, non comme simple titre, mais comme fonction réelle de Gouvernement. Bien que cette concession n'ait pas été accordée, la Cour, en pratique, exerça des pouvoirs équivalents.

On institua des commissaires généraux des ordres religieux en Amérique, qui équivalaient aux généraux en résidence à Rome ; leur nomination était faite par le Roi : « Les cédules royales s'appliquant aux conversions, disait l'évêque Palafox, de México, doivent être vénérées comme les mandements apostoliques. »

La création des évêques et des dignitaires était véritablement une attribution royale ; c'est à cela

en effet qu'aboutissait le droit illimité de présentation, surtout pendant le siècle de la conquête
que cette étude envisage.

Tout rescrit ou bref devrait être soumis au
Conseil des Indes.

La nomination des curés des paroisses dépendait des vice-rois et des gouverneurs, qui les
choisissaient parmi les prêtres présentés par les
évêques ou les prélats, mais qui avaient le droit
de demander de nouveaux candidats si les premiers ne leur plaisaient pas. A ce sujet, le père
Pedro José Parras dit, dans son livre *Gobierno de
Regulares en América* (Madrid 1783), que c'était
là une proposition plutôt qu'une présentation.

Le livre du Père Parras, définisseur de l'ordre
de Saint François, recteur de l'université de Cordoue (1), mérite la plus grande attention. Admet-
tant sincèrement les franchises du Patronage,
dans lequel ce moine voit une source inépuisable
de biens pour l'Eglise et pour la conversion des
infidèles, son œuvre a l'intérêt de son expérience
de l'Amérique et de sa parfaite connaissance du
droit, sans compter que ses lettres sont doctes et
agréables.

Cet amalgame de gouvernement politique et
de catéchisation, d'intérêts, de modes d'enrichissement, de passions, avec des obligations d'en-

____

(1) *Córdoba*, la Cordoue d'Amérique ; chef-lieu de la province de ce nom, dans la République Argentine.

seignement évangélique, tout cela amena la confusion la plus complète entre les prérogatives des deux autorités, politique et religieuse.

La discipline ecclésiastique se vit sapée par les appels que moines et prêtres séculiers interjetaient devant les tribunaux royaux quand la règle religieuse les gênait. Ils recherchaient l'amitié des vices-rois, des auditeurs et des favoris pour se soustraire aux décisions de leurs supérieurs.

L'archevêque de Lima, le père Toribio de Mogrovejo, que l'Eglise a placé sur ses autels, vit, en plein Concile de 1583, se soulever audacieusement contre lui la rébellion hautaine des évêques conjurés pour couvrir l'un d'entre eux, l'évêque de Quito, accusé de crimes canoniques et de droit commun.

Les Conciles de México et de Lima fournissent d'éloquentes preuves de l'urgence avec laquelle le zèle évangélique réclamait des réformes.

Deux grands hommes, l'archevêque précité et l'évêque Zumárraga, représentèrent, dans les deux centres de l'empire colonial, Lima et México, l'ardeur pour la christianisation, malgré la gêne dans laquelle ils se trouvèrent pour propager la foi ; ils se heurtèrent à la résistance des conquérants et des commandeurs, gens en proie à la fièvre de l'or et dont l'âme et le corps étaient également contaminés par les influences malignes que dégage le climat tropical.

La sollicitude du Roi pour favoriser la prédication religieuse, devenue une fonction propre de l'Etat, forma à la longue un empêchement à la pénétration religieuse dans la société américaine.

Ce zèle l'énerva avec sa protection, la paralysa avec ses lois, la corrompit en cédant à cette propension qui pousse vers le despotisme l'Etat, vivante incarnation de la force.

VII

Les véritables évangélisateurs ne furent pas ces prébendés et ces mitrés que flagellent des historiens ecclésiastiques tels que le père Jerónimo Mendieta, ou le prêtre Moraver qui habitait México en ce siècle-là.

S'il y en eut comme les évêques Zumárraga, Ramirez Fuenleal ou las Casas, ils eurent à défier l'opposition des vice-rois et des employés. Ces délégués du Patronage réclamaient des juges moins sévères ou plutôt des complices plus faciles.

Les véritables évangélistes, ce furent ces moines inconnus qui ne recherchaient pas des dignités de prélats et qui ne bénéficiaient pas des avantages du Patronat.

Ce sont eux qui se jetèrent parmi les Indiens,

sachant bien qu'ils étaient guettés de près par la mort et le martyre. Ce sont eux qui défendirent la piété, l'amour de Dieu, le repentir, comme des lueurs mourantes au milieu de l'ouragan des passions de ces soldats inhumains. Leurs vies offrent le spectacle le plus noble de l'histoire de la conquête.

On connaît les noms de quelques-uns : Rafael Ferrer, de Quito; Saint Francisco Solano ou Alonso Barzana, du Tucumán ; le légat Pedro Gante ou Martin de Valencia, au Mexique ; Ruiz Montoya, au Paraguay.

La compagnie de Jésus donna les plus grands exemples : ni haines ni préjugés ne sauraient obscurcir cette vérité ; on pourrait ajouter que, dans ces remous du XVI⁰ siècle et au commencement du siècle suivant, cet ordre donna les plus grands exemples de discipline. Plus tard, des témoins dignes de foi, comme Jorge Juan et Antonio Ulloa, reconnurent ces qualités dans leurs fameuses « *noticias secretas* » (1).

Mais nous devons constater, en parlant de l'Eglise elle-même, qu'elle fut l'unique force morale vivante, lors de la naissance de l'Amé-

---

(1) Les *noticias secretas* de Jorge Juan et d'Antonio Ulloa, éditées à Londres en 1826. Si sévère pour l'Espagne, ce livre fait cependant l'éloge de l'action des Jésuites. Dans le chaos anormal de la conquête, ils firent exception, observèrent la discipline ecclésiastique et fournirent quelques modèles de véritables évangélisateurs.

rique; parce qu'elle fut la seule à élever le cœur de l'homme plus haut que le rapt du butin et de la femme.

L'Eglise joua le même rôle que dans le haut Moyen Age. En ce nouveau siècle de fer, revêtus du prestige de la terrible excommunication, les évêques arrêtèrent la barbarie. C'est ainsi qu'agit l'évêque Zumárraga contre les auditeurs Matienza et Delgadillo, à México. Devant cette barrière légère, la bête féroce se soumettait comme Attila devant Léon III.

Voici un autre souvenir qui démontre la puissance de cette force.

Francisco de Céspedes, gouverneur du Rio de la Plata, en 1624, était en conflit acharné avec l'évêque Carranza.

Un jour, à la tête de ses soldats, il se rendit devant la maison de l'évêque pour obtenir de lui la libération d'un prisonnier, et il menaça, si c'était nécessaire, de renverser à coups de canon la demeure épiscopale.

Comme réponse, l'évêque apparaît devant sa porte, avec sa mitre et sa crosse, vêtu de sa cape pluviale et il s'avance vers cette foule qui brandit des armes de toute sorte. Il élève la main, prononce l'excommunication.

Ce seul geste a suffi pour que le belliqueux gouverneur et sa troupe, épouvantés, se débandent et se considèrent comme vaincus.

CHAPITRE VIII

LA FISCALITÉ

I

Nous avons exposé, au chapitre IV, deux effets du régime des commanderies ; l'un physique : il a hâté la destruction des races aborigènes ; l'autre moral : il a rabaissé le conquérant. Examinons-en maintenant un troisième, qui est moral et économique à la fois : il a énervé l'activité du concessionnaire, puisqu'il jouit du fruit du travail sans passer par ses fatigues.

De ce dernier point de vue, cette nouvelle vie ne transforma pas le conquérant, mais elle développa ses inclinations naturelles.

Pedro Corominas, entre autres auteurs, a démontré dans son livre : *El sentimiento de la riqueza en Castilla,* comment le Castillan, au sujet de la richesse, éprouva un sentiment particulier qui corrompit l'Espagne. Il n'aspira pas à la possession, mais au commandement ; il ne demanda pas la propriété du sol, mais ses produits ; il n'ambitionna pas la conquête d'un territoire, mais la domination corporelle et spirituelle de l'homme. Aussi, en Amérique, recherCha-t-on les répartitions d'Indiens, les produits des mines et le butin.

« Un an et demi après leur arrivée, disait, en 1529, l'évêque de Zumarraga, l'apôtre du Mexique, les Espagnols abandonnent les mines et les travaux mécaniques, et ils veulent des Indiens. Ils emploient pour eux-mêmes plus de brocard et de soie que n'en portent les chevaux en Castille ; ils sont endettés et ne font que vagabonder. »

« Sur 8.000 Espagnols, 7.000 n'ont rien à faire, dit un document cité dans l'appendice du chapitre VI. Ils ne travaillent pas et ne bêchent ni ne labourent ; d'après leurs dires, ils ne sont pas venus en Amérique pour cela. »

« Nous qui partons pour les Indes, disait, en 1566, le bachelier Sanchez, cité par nous dans l'appendice, nous y allons dans l'intention de revenir riches en Espagne ; or, nous n'emportons rien d'Espagne, et là-bas, nous restons sans rien faire. Notre enrichissement est donc impossible, si ce n'est aux dépens de la sueur et du sang des Indiens. »

Une cédule royale de 1609, envoyée à Panamá, présente cette situation avec franchise : « Nous savons, déclare le monarque, qu'il y a beaucoup de gens de situation humble et pauvre qui ne daignent pas s'occuper aux travaux des champs ; ils considèrent cela comme trop dégradant; d'où il résulte qu'il y a tant de vauriens et qu'on fait supporter aux Indiens tout le poids du travail. »

Les prescriptions que contient cette ordonnance peuvent être citées comme exemple de la lucidité du gouvernement ; il leur manque seulement ce qui manque à une idée pour qu'elle devienne un fait.

« Je vous commande et vous ordonne ceci, ajoutait la cédule : chaque année quelques enfants d'Espagnols devront s'adonner aux travaux des champs, afin qu'alors, les imitant, les autres s'appliquent peu à peu aux mêmes travaux; avec cette innovation on fera disparaître des Indes cette opinion des Espagnols que servir les autres est chose basse et vile, spécialement dans le genre de travail précité. »

II

Sur la même souche pousse un rejet nouveau. Puisque la commanderie, substance vitale du régime, dépendait de la Cour ou de ses envoyés et qu'on pouvait l'acquérir sans l'avoir méritée, il fallait faire le nécessaire pour l'obtenir de la faveur ; il n'est pas donné à tous d'appartenir à la famille de ceux qui conquièrent cette situation à la force du poignet.

L'absolutisme des gouverneurs devait être un fait normal. Plus absolus que le monarque en Espagne, ils étaient ses lieutenants dans les colonies ; la distance de la Cour et la nécessité les poussaient vers un despotisme sans frein.

C'est par l'Etat que commençaient ou finissaient toutes les carrières. Par suite, les colons vivaient les regards tournés vers l'émissaire royal. On pouvait aspirer à une situation de commandeur, d'employé, de favori, d'associé ou, dans tous les cas, à une place de faveur ou à un poste de complice dans les extorsions.

L'Etat absorbait tous les aspects de la vie et portait même ses regards sur l'intérieur des foyers. La conduite privée n'échappait pas à ses inquisitions.

Les auditeurs de Mexico, Delgadillo et Matienzo, en 1530, écrivent à la Cour de longues pages pour signaler les soupçons qu'ils avaient de relations illicites entre la religieuse Catalina Hernández et Calixto, un jeune homme que l'on croyait chaste parce qu'il était maigre. C'est encore matière à commentaires officiels que la conduite, au Pérou, de Pablo Meneses ; on lui attribuait des relations adultères avec la femme de Martín Robles ; aussi dut-il se marier avec leur fille pour faire taire les accusations du cri public.

Ce n'est pas là un caractère spécial de l'esprit de l'Espagne, ni de celui de la société nouvelle. Aux époques où les idées religieuses ont un ascendant aussi grand, tout ce qui concerne la pureté des mœurs est affaire d'intérêt public. Mais nous rappelons ces faits pour mieux faire ressortir à quel point la société américaine avait perdu de vue les idées qui séparent les choses publiques des choses privées, et pour montrer combien l'existence entière était attachée par des liens étroits à l'Etat.

En outre, quand se forme la première agglomération d'une société, celle-ci exige que l'individu lui soumette sa personne et ses moindres actes, afin d'assurer la survivance du débile organisme naissant.

Un habitant de la cité de Buenos-Ayres, Navarro, demanda à la municipalité, dans le cours des premières années de la fondation, de suspendre le départ de José Herrero, à cause du besoin qu'a la ville de faire réparer les armes de guerre, métier dans lequel cet homme est très habile. Cette décision fut prise aussi à l'égard de Jerónimo Miranda, qui était barbier en même temps que fabricant d'épées. Il en fut de même pour les frères Alexandre, des Flamands qui avaient construit le moulin de la ville, et aussi pour deux tuiliers.

« On n'ose pas rendre justice, disait un auditeur du Pérou, à cause du petit nombre de gens qu'il y a dans ce pays. »

Dans un milieu sans propension au travail, où les profits sont faciles, se montrent, comme conduits par la main, le jeu et l'humeur querelleuse.

Au cours d'un autre chapitre, nous parlerons de ces querelles ; disons, pour le moment, que le jeu devint une plaie vive dans les colonies américaines primitives. Dans la *Milicia Indiana*, Vargas Machuca admet que le soldat ne peut se passer de jouer, mais « que du moins il ne porte pas de cartes dans sa poche et ne joue ni son épée ni ses vêtements. »

Au concile de Lima, en 1583, on discuta sur le jeu des prêtres : « Si loin sont déjà allés les excès de beaucoup d'ecclésiastiques adonnés au jeu qu'il faut absolument couper court à cette infamie et mettre fin au scandale causé par ceux qui se livrent si follement à cette passion. »

Il y eut un commandeur au Pérou qui joua, en une nuit, les redevances que lui payaient, en un an, ses Indiens. Une cédule défendit de jouer ; elle interdisait l'introduction des cartes et des dés « afin qu'on ne vive pas là-bas comme on vit ici. » Un chroniqueur rapporte l'extension

que prit cet amour immodéré des cartes, et il
ajoute ce trait de grandiloquence : « Mansio
Sierra joua une plaque de métal sur laquelle était
gravé le soleil ; on put vraiment dire qu'il avait
joué le soleil. »

III

La conquête ne fut pas seulement une entreprise
de l'Etat, ce fut encore une affaire fiscale.

Les conquérants et les explorateurs recevaient
leurs titres et des pouvoirs avec des stipulations
dans lesquelles on avait prévu minutieusement ce
qui revenait au fisc ; et ils songeaient plutôt à
leur *sisa* (1) et à leur profit immédiat qu'à des
fins sociales.

Pour surveiller le payement des taxes et des
impôts sur les pays conquis, l'Etat mettait des
agents près de chaque conquérant, sans donner
le temps à la horde aventurière de s'installer. La
Couronne commençait par prendre part à l'attaque contre les tribus, à la mise à sac des
temples. On ne pouvait faire aucune incursion
dans les terres nouvelles, sans être accompagné
par le représentant du Roi.

Le père Tomas de Berlanda reçut la mission de

---

(1) La *sisa* correspond à notre « danse de l'anse du
panier. »

faire une enquête secrète sur les concussions de Francisco Pizarro ; la mort de ce dernier y mit fin.

On ouvrit une information pour savoir à quoi s'en tenir au sujet des joyaux donnés à Cortés et embarqués secrètement sans avoir subi le prélèvement du cinquième. Le procès fut très long. D'innombrables témoins déposèrent. On les questionnait toujours sur l'or que les Indiens avaient donné à Cortés. Celui-ci répondit aux quatre-vingt-dix-huit charges du réquisitoire. Les déclarations des témoins forment une chronique animée et ponctuelle de la conquête du Mexique, car l'accusation remontait jusqu'à la conduite du général avant son départ de Cuba.

Trois volumes des *Documentos Inéditos de Indias* sont presque entièrement occupés par des documents qui se rapportent à cette période de la vie de Cortés, pendant laquelle sa fortune semblait subir une éclipse : (Tomes 26, 27 et 29.)

On y trouve les faits relatifs au soulèvement du trésorier et du comptable, Alonso Destrada et Rodrigo de Albornoz, en lutte contre l'inspecteur et le percepteur royal. Ils avaient supplanté les délégués de Cortés dans le gouvernement de Mexico. Lorsque le général marcha, à las Higueras (1), contre Cristobal de Olid, les révoltés

-----

(1) Dans le Honduras.

commirent toute sorte d'excès et d'abus de pouvoir, parmi lesquels figuraient naturellement la révocation des commanderies et leur nouvelle distribution.

Ces volumes renferment l'action, pour fraude et rébellion contre la Couronne, intentée au conquérant, et les quatre-vingt-cinq procès auxquels il dut répondre quand il revint de l'expédition. Parmi eux figurent celui intenté par Maria Marcaydo et Juan Suarez, mère et frère de Catalina Suarez, épouse de Cortés, dont les plaignants l'accusaient d'avoir causé la mort. Ce procès avait lieu sept ans après les faits accomplis, et alors que le général paraissait être tombé en disgrâce. Il n'y manque ni les secrets d'alcove ni les bavardages de quartier.

Dans le procès fait à l'accusé pour fraudes à l'encontre de la Couronne, relevons quelques lignes qui méritent d'être rapportées.

Cortés récusa trois de ses juges. Ceux-ci exigèrent de lui, avant de se prononcer, une caution pécuniaire. Il déposa la somme. Quand le procès fut terminé, l'accusé, absous, réclama le remboursement, mais l'argent avait disparu dans la poche de ses juges.

Disons en passant que ce capitaine de fer, ce héros parfois cruel dans la conquête du Mexique, s'élève dans tous ces épisodes à une grande hauteur.

Les détails sont trop nombreux pour que nous ne distinguions pas bien toutes les scènes. On est ému en voyant cet homme en butte aux injures de cette soldatesque qui vient, comme à un rendez-vous, vilipender le grand homme, en déposant devant des juges qui se sont alliés à ses persécuteurs.

Démonstration pathétique de cette bassesse humaine qui aime à mordre les héros au talon, le lendemain du jour où elle lui a baisé les pieds.

IV

La Couronne prenait toutes les précautions nécessaires pour assurer le recouvrement intégral des taxes.

Les recettes royales devaient être gardées et conservées par trois employés, porteurs chacun d'une clef pour assurer leur contrôle réciproque. C'était « la caisse aux trois clefs. »

Les peines édictées contre les concussionnaires étaient terribles. Il était, en outre, défendu à ces employés de s'occuper d'affaires et d'exercer un commerce ; il en était de même pour leurs femmes et leurs enfants. Ils ne pouvaient pas se marier avec les filles de leurs collègues (*Recopilación de Indias, lib.* 8), ni exploiter des mines ou des fabriques.

L'exaction fiscale s'aggravait chaque jour sans augmenter les profits du Trésor et en amoindrissant la production de la Péninsule. Les taxes que supporte le commerce sont énormes et il est nécessaire d'en créer de nouvelles pour suffire aux dépenses nécessitées par la lutte contre les corsaires et pour subvenir aux besoins infinis du Trésor royal.

Les mesures et les châtiments draconiens édictés contre les concussionnaires et les pillards des recettes royales ne furent pas appliqués, à en juger par la fréquence avec laquelle ces abus arrivaient à se reproduire.

Dans notre Introduction nous en avons cité quelques exemples.

« Tous vivent de la caisse du Roi, tous sont conquérants et pauvres », dit un document officiel.

Pedro Rios, trésorier au Nicaragua, ne fit pas entrer, en dix ans, un seul *peso* dans la caisse royale, est-il dit dans l'enquête sur l'administration de Rodrigo Contreras.

« Le trésor de votre Majesté est ici chose si odieuse, écrivait du Guatemala au Roi, en 1550, le licencié Cerrato, et il y a si peu de personnes en qui on puisse avoir confiance, que chacun pense que voler cet argent ou le donner est acte méritoire. »

« Il n'y a pas d'employé royal qui ne doive de

l'argent à la caisse », rapporte une enquête officielle du Pérou ; parmi ceux qui ont effectué des prélèvements frauduleux, on peut citer Miguel Cornejo, Diego de Ibarra, Alonso Riquelme, le conquérant Pedro de Valdivia.

Dans les commencements de la conquête, Conchillos donna un exemple qui fut imité, à l'infini : il occupa trois emplois, toucha trois traitements, et ses pillages n'eurent pas de bornes.

Le vice-roi du Pérou, Cañete, fut un remarquable concussionnaire ; il tirait des bons à ordre, à son gré, sur la caisse royale : « Tout ce qu'il obtenait, gratuitement ou par la violence, il le faisait évaluer, il le gardait pour lui et en débitait la Caisse royale. »

V

Ce régime prohibitif et inquisitorial donnait, comme dans d'autres occasions, des résultats décevants, et les embarras de la Couronne augmentaient. En 1574, le Roi demande une contribution secrète à ses sujets d'Amérique, pour subvenir aux grands besoins qu'il éprouve : « Veuillez nous fournir gracieusement quelque somme d'argent ou quelque quantité de métal pour que nous puissions nous en servir », dans les luttes des Flandres et dans la guerre contre les Turcs.

En 1590, on envoya à Séville Juan Ibarra, pour proposer à ceux qui partaient pour l'Amérique des places et des attributions. « Si par cette voie, disaient les instructions, on ne peut obtenir l'argent dont le Roi a besoin pour des intérêts très importants, qu'on l'emprunte aux passagers, en leur donnant un récépissé pour le remboursement. »

La ressource qu'était la vente des charges municipales s'épuisa tellement qu'on en vint à les concéder à des enfants de dix ans.

En 1598, l'année de la mort de Philippe II, la cédule royale dit ceci : « Rendez-moi le service signalé, par voie de don et d'emprunt, en séparant les comptes des deux opérations », d'envoyer des contributions pour le trésor royal.

Dans d'autres circonstances, on ne jugeait pas nécessaire de demander : on confisquait les chargements à leur arrivée en Espagne et on en donnait un récépissé aux propriétaires.

L'extorsion fiscale provoque toujours la revanche de la fraude par les moyens les plus ingénieux.

On vit par exemple se généraliser la coutume, dans les affaires et les marchés, d'employer l'or en poudre au lieu de l'envoyer dans les fonderies pour y être soumis au prélèvement du cinquième.

Les employés royaux n'étaient pas moins fertiles en expédients. Ils recouvraient les impôts en marcs de 5 *pesos* et ils n'en portaient en compte que 4, volant un *peso* par marc. Le carat, qui valait 24 maravedis 3/4, ils le comptaient 20. Le *peso* éprouvé valant 13 reaux et un *cuartillo*, ils le portaient pour la valeur de 12 reaux 1/2.

La réglementation du trafic fut une preuve formelle de la fiscalité de la conquête. Après les premières années du régime de liberté décrété par les Rois catholiques, commence l'ère des entraves et des taxes, des restrictions et des exactions imposées au commerce.

Le résultat de cette politique de prohibition, quant à l'entrée des marchandises dans les Indes et à la venue des étrangers, donne une leçon éclatante. Les recettes fiscales n'augmenteront pas — et c'était là cependant le but du monopole — et la décadence rapide du commerce se produisit avant la fin du XVIe siècle.

Les Indes se rempliront aussi d'étrangers.

Le père Reginaldo de Lizarraga dit que, à Arica, il y a des gens de tous les pays. Un document datant des premières années de la conquête du Mexique porte ceci : « Ils recueillent de l'or et l'échangent avec des Français et des Anglais et avec des milliers d'étrangers qui viennent à Vera-Cruz avec des bateaux. »

Le résultat du monopole peut être caractérisé par un seul mot : la contrebande.

Peut-être qu'à aucun moment de l'histoire du commerce la contrebande ne s'exerça à un semblable degré. Elle se pratiquait, soit dans les ports de l'Amérique par des bateaux étrangers, soit pendant la navigation, quand les galions, destinés au transport des marchandises et faisant partie de la flotte des Indes, venaient à peine de lever l'ancre et de quitter les ports d'Espagne. Il arriva parfois que les bateaux contrebandiers eux-mêmes naviguèrent avec les navires de cette flotte.

Il était si tentant d'échapper aux droits énormes qui grevaient le commerce que la contrebande, on peut le certifier, était effectuée par les chargeurs mêmes de Séville et de Cadix, et à plus forte raison lors du déchargement des marchandises et des métaux apportés au retour de Porto-belo.

Gervasio de Artiñano, dans son ouvrage sur *el comercio de las Indias durante el dominio de los Austria*, éclaire de pièces justificatives le processus de la politique qui conduisit forcément à la contrebande.

En ce qui se réfère au commerce effectué par les *buques de registro* — bateaux isolés et légers, qui, grâce à des autorisations spéciales, naviguaient exceptionnellement vers Buenos-Ayres et d'autres destinations — on peut justifier, grâce à des chiffres et à des documents, que ces navires étaient des instruments extrêmement actifs de trafic illégal.

Le côté le plus curieux de cè régime de la prohibition et du monopole fut que la marine et le commerce espagnols en vinrent à se convertir en intermédiaires de la production étrangère, car, pour une partie considérable, les marchandises transportées avaient cette origine par suite de la décadence de l'industrie espagnole.

Durant la seconde moitié du XVIᵉ siècle, le pullulement de flibustiers et de boucaniers fut aussi un effet du système du monopole, puisqu'il faisait naître le violent désir de conquérir, à l'assaut et à l'abordage, ce qu'on ne pouvait pas obtenir par les voies autorisées.

La nécessité d'augmenter les droits de *habe-rías* (1), pour payer les dépenses des flottes armées en guerre, fut une calamité pour le commerce.

En revanche la contrebande, non soumise à de si nombreuses et de si lourdes taxes, était profondément populaire ; on s'explique ainsi les dires de quelques chroniqueurs rapportant que les débarquements de corsaires tels que les Hawkins, les Drake et les Cavendish, purent compter sur

---

(1) *Haberia* : Impôt sur les marchandises pour payer les frais des navires armés en guerre qui les escortaient.

la bienveillance et même sur l'aide des populations dont ils étaient « le fléau. »

Certains, comme Juan Castellano, crurent reconnaître chez les indigènes des marques de sympathie pour les flibustiers et ce chroniqueur se l'explique par le motif que la victoire de « semblables luthériens » donnait l'espoir aux Indiens d'un retour au fétichisme que détruisait l'évangélisation.

Cette sympathie était partagée aussi par les Espagnols qui trouvaient là un moyen d'échapper à la terrible tyrannie fiscale de la Métropole.

« On attendait avec tant d'impatience la venue des corsaires, dit un document de l'époque, que très ouvertement et sans aucune honte, comme si ces gens-là eussent été des compatriotes ou des capitaines envoyés par votre Majesté à la défense des habitants, on nous interrogeait à leur sujet, nous qui partions pour l'Espagne ; ils soutenaient, et ils en avaient plein la bouche, que le seul négoce possible était celui qui se faisait avec les Anglais et les Français, car ces gens-là, disaient-ils — sans considérer combien dommageable était le résultat pour le commerce — approvisionnaient à bon marché le pays, soit de marchandises, soit de nègres.

En 1568, Hawkins débarqua dans l'île Margarita, comme il avait coutume de le faire depuis des années : « Il fut reçu par Pedro Ambulo et les autres employés royaux comme s'il eût été Pedro Melendez, général des Indes. On lui fournit les provisions de toute espèce dont il avait besoin. Ambulo lui offrit, dans sa maison, un splendide banquet, où l'on servit toutes sortes de volatiles et de viandes, bien que l'on fût en temps de carême et pendant la Semaine Sainte. »

« Le luthérien tint boutique ouverte de toute sorte de marchandises : ce qu'il n'aurait pas osé faire, avec une facilité aussi grande, dans la ville de Londres. » Lope de Aguirre, l'endiablé explorateur du Marañon, qui voulut fonder pour lui une principauté et lança un défi à Philippe II, fut l'hôte de Hawkins sur ses navires et le commensal de ses festins.

En 1585, l'histoire de l'expédition, au cours de laquelle Drake s'empara de Saint Domingue et de Carthagène, est pleinement caractéristique du formalisme employé à la Cour d'Espagne. L'entreprise fut connue assez à temps pour qu'on pût prendre des précautions contre elle, mais on perdit beaucoup de temps dans les retards des délibérations, dans l'accomplissement de formalités, dans les hésitations à agir ; le corsaire en profita pour parcourir toute la mer des Antilles, en occupant deux des cités les plus florissantes des Indes qu'il soumit à une dure rançon.

Un écrivain voit, dans les entreprises des flibustiers du XVIᵉ siècle, le commencement de l'esprit séparatiste des colonies : ces événements démontrèrent combien les populations, en échappant à la réglementation de la Couronne, trouvaient dans leur désobéissance plus de satisfaction pour les besoins de la vie. Ces expéditions leur indiquèrent la voie qui pourrait, sans aucun préjudice, leur apporter bénéfices et liberté, mais surtout le succès des corsaires prouvait aux habitants que la métropole manquait de la puissance nécessaire pour protéger ses colonies contre leurs déprédations et leurs attaques.

VI

Nous savons que, deux siècles plus tard, vers la fin du XVIIIe siècle, ce système commercial et fiscal fournira aux colonies espagnoles les revendications du drapeau qu'elles lèveront pendant la guerre de l'Indépendance.

Il existe un document de 1770, un mémoire de l'*Ayuntamiento*, le conseil municipal, de Mexico, dans lequel les arguments relatifs à ces questions sont exposés avec une élégance un peu maniérée ; nous le citons, en ce moment, car il permet de voir comment devint aussi une cause de soulèvement l'ambition de conquérir la situation officielle, qui avait été pendant la période coloniale le monopole de l'Espagnol péninsulaire.

Et ce souvenir du passé est bien à sa place ici, puisque nous avons voulu montrer la fiscalité et le fonctionnarisme comme des éléments importants de la vie sociale, pendant le premier siècle de l'Amérique nouvelle.

« Le fonds principal sur lequel nous pouvons compter, nous autres Américains, ce sont les traitements. Les métiers mécaniques ne sont pas compatibles avec le lustre de la naissance, et de plus, ils n'assurent pas, dans les Indes, une existence décente.

« Comme les meilleures marchandises importées sont, en effet, offertes à des prix plus avantageux qu'il ne le faudrait au moins pour les artisans, cette carrière dans les Indes ne saurait être recherchée

« Dans les Indes, les capitaux sont plus changeants et plus instables. »

Ce document, antérieur de quarante ans à la Guerre de l'Indépendance, est intéressant comme appréciation sur la conquête et la colonisation.

Il présente, de plus, les pots de vin comme une conséquence de la détresse des fonctionnaires, et montre leurs tentations permanentes d'accepter des présents.

CHAPITRE IX

Le divorce de la loi avec la réalité en Amérique

I

Si jamais les lois n'ont pas découlé de la vie sociale, ou n'en ont pas subi l'influence inspiratrice, c'est sûrement dans l'Amérique de la Conquête qu'on peut le constater. Elles ne proviennent pas ici d'un thaumaturge comme Moïse, ou d'un organisateur comme Solon, qui voyaient l'avenir ou l'âme intime de leurs peuples.

L'Espagne possédait une belle tradition législative dans ses *fueros* qui germèrent à la chaleur de la réalité vivante des guerres de la Reconquête ; ils exprimaient des règles émanées de la concordance des intérêts et ils tendaient à donner consistance à des idées sociales et à les fortifier.

Le Roi et les comtes créent des *behetrias* (1),

---

(1) *Behetrias*, villes libres créées en Espagne à la fin du Moyen-Age et semblables aux *bastides* du Midi de la France.

des villes libres, auxquelles ils concèdent des franchises.

Ce sont-là des stimulants pour peupler, bâtir et fortifier des villes, comme des postes avancés sur le front moresque.

En Amérique le système va complètement changer.

Le premier document juridique relatif à l'Amérique laisse prévoir ce qui devait arriver. Nous faisons allusion aux *Capitulaciones de Santa Fe*, aux conventions entre les Rois catholiques et Colomb, signées le 14 Avril 1492 et ratifiées ensuite deux fois.

D'après ces accords, les Rois créent Colomb : *Almirante*, amiral, chef suprême, durant sa vie, de toutes les terres qui seraient conquises ou découvertes, et après sa mort ses héritiers porteraient ce titre, successivement, à perpétuité. »

Ils lui concèdent la dixième partie de tout ce qu'on recueillera dans les pays nouveaux : pierres, perles, or, et toutes autres marchandises, et ils le créent juge pour statuer sur les procès que suscitera « le trafic de ce qu'on rapportera, en Espagne, des terres nouvelles. »

On sait bien qu'il fallut peu de temps pour constater comment les *Capitulaciones* s'observaient.

Ces profits invraisemblables allaient très vite se convertir en ces titres pompeux et nominaux : duc de Veragua et marquis de la Jamaïque,

S'il est vrai que Fernand reste inexcusable pour sa dureté et pour son insensibilité, non seulement devant la grandeur d'âme mais encore devant la gloire du découvreur de mondes, ajoutons aussi que l'exécution des *Capitulaciones de Santa Fe* aurait été impossible.

Les profits du voyage avaient par trop dépassé les prévisions des contractants : cette association de capital et d'industrie, ou cette location de services avec part dans les bénéfices, avait fait entrer dans leurs patrimoines un des plus grands continents du monde.

« J'ai donné ces terres au Roi de Castille, comme j'aurais pu les donner à tout autre », disait à cette heure, dans son désenchantement, le malheureux Colomb déçu, qui avait vu surgir, sous ses mains, incarnée et vivante, la plus étrange fantaisie imaginée par les poètes.

Après une aussi magique réussite, qui aurait pu supposer qu'il devrait être châtié par une aussi cruelle déception ?

Mais l'ambition humaine se heurte à l'ironie qui joue un rôle inévitable dans l'histoire.

Sans abandonner ce moment, rempli de suggestion et de contrastes dramatiques, comment ne ferait-elle pas penser à cette ironie des choses, la phrase de Colomb au sujet d'Américo Vespucci : « Il eut toujours le désir de m'être agréable ; la fortune lui a été tout le temps contraire ; ses travaux ne lui ont pas profité autant que la justice le voudrait ! »

Ainsi parlait l'homme chargé de chaînes par Bobadilla de celui qui devait avoir la chance gratuite de donner son nom à un continent !

Si, en droit strict, le duc de Veragua était le bénéficiaire de l'Amérique, de même, en droit strict, Isabelle la Catholique n'était pas la reine de Castille, puisque l'héritière indiscutable était Juana la Beltraneja (1).

Les pragmantiques, les lois, les instructions soigneuses, prévoyantes, modèles d'inspiration prolixe, se succèderont jusqu'à former des monuments d'écritures ; elles entraîneront la fatigue des notaires et des copistes, elle feront les délices des *chicanous* et alimenteront, à leur grande joie, les discussions des auditeurs, mais l'Amérique continuera à vivre sans se soucier de ce fatras.

Un jour, on prête serment d'obéir à un ordre royal cinq ans après qu'il a été édicté, et il ne faut pas s'étonner, par conséquent, que, pour obéir à un autre ordre, on fasse des prières pour l'heureuse délivrance de la reine un an après sa grossesse. L'ordinaire, c'est que les cédules royales soient ignorées, non seulement par les Indiens, à qui on les notifiait par la bouche d'in-

-----

(1) Isabelle de Castille fut proclamée reine à la place de sa nièce Juana, déclarée plus ou moins justement : « la bâtarde et adultérine. »

terprètes, mais encore par les fonctionnaires eux-mêmes.

Une ordonnance rendue à Burgos, en 1512, par Fernand, prescrivit que personne ne pourrait avoir plus de 300 Indiens dans sa commanderie, mais les officiers royaux racontent que, pour tourner la loi, on en assignait à des gens qui n'avaient pas quitté la Castille.

Cette manière de se conformer à la loi n'a pas cessé de se pratiquer chez les peuples d'Amérique, qui l'ont apprise de si bonne heure.

Les gouverneurs sont toujours prêts à usurper les terres concédées à un habitant, ou à discuter le texte d'un ordre reçu. La querelle d'Almagro et de Pizarro, qui se termina par la mort de l'un et de l'autre, commença par une querelle relative au droit qu'ils prétendaient avoir sur Cuzco.

La vie américaine s'écoula, d'une façon permanente, en dehors des lois ; elle se dégagea de leur ensemble et de leurs particularités ; il en était surtout ainsi quand ces règlements visaient les traitements envers les Indiens et la répartition de ceux-ci. Les ordres reitérés de les traiter avec bonté n'adoucirent en rien leur servitude. Disons aussi que, si ces instructions avaient été suivies, la conquête aurait pris fin.

II

Dans la discussion que des écrivains ont engagée au sujet de l'influence, dans la vie politique de l'Amérique, des *Cabildos*, les municipalités coloniales, Juan Agustín García, nous semble-t-il, soutint la thèse exacte. Le texte des lois, la simple apparence des choses induisirent en erreur ceux qui affirmaient que ces *Cabildos* avaient été une école de vie démocratique et un foyer d'idées et de pratiques préparatoires de la Révolution émancipatrice.

Une lettre adressée, en 1535, à l'Empereur porte ceci : « Il faut que votre Majesté sache que les municipalités n'écrivent jamais ce qu'elles devraient écrire mais bien ce que veulent les autorités. »

Lorsque la municipalité, après de longues réunions et d'amples délibérations, a estimé qu'il convenait de changer la ville d'emplacement, le gouverneur décide, en quelques lignes, que la ville restera où elle est : « *y así lo asentó el señor gobernador*», et ainsi l'a décidé le seigneur gouverneur.

Les *Cabildos* n'eurent pas d'autorité, car ils ne représentaient ni une nécessité ni une fonction vitale de la société naissante. La bande ou la

partida, à peine installée et formant une apparence de ville, se tenait toujours prête à entrer
dans des terres nouvelles ; aussi avait-elle besoin
d'une main unique, rude et parfois despotique :
à son défaut, en effet, les jalousies auraient
allumé, à chaque pas, des querelles ou des rixes
sanglantes, et l'ardeur conquérante aurait abouti
à un désastre.

Une main forte fut une nécessité suprême, et
rien n'aurait agi plus sûrement, en sens contraire,
qu'une municipalité délibérante.

Ces *Cabildos* servirent donc de jouet aux gouverneurs, ou furent formés avec leurs créatures ;
ils fournirent encore un prétexte pour des profits
que recherchaient, on le voit bien, ceux qui achetaient, au marché, ces charges municipales.

Aussi les *Cabildos* consacrèrent-ils leur existence à des questions d'édilité ou à des discussions scolastiques.

III

Ces lois qui ne s'exécutèrent pas, ces ordonnances illusoires, ces prescriptions constamment
violées, s'énonçant sous des formes impérieuses
et solennelles, tout cela a fait tomber dans
l'erreur, relativement à l'histoire de l'Amérique,
ceux qui s'en tiennent aux textes écrits.

Mais cette innocuité, cette vaine succession des lois, sans qu'elles s'adaptent à la vie, sans même l'effleurer, ne fut pas la conséquence d'une protestation qui les aurait violemment déclarées nulles et sans valeur.

Au contraire, il parlait pour l'Amérique entière, ce Benalcazar, fondateur de cités dans la Nouvelle-Grenade, quand il s'exprimait ainsi : « La loi est respectée, mais elle n'est pas exécutée. »

Jamais un chef, un auditeur, une municipalité ne se refusèrent à montrer de la soumission aux lettres royales. Dans le hameau américain le plus reculé, le plus obscur des employés royaux, « après avoir baisé et placé sur sa tête » (1) les ordonnances du Souverain, jurait, avec le plus cérémonieux recueillement, d'obéir à cet ordre suprême ; cependant jamais on ne s'y conforma, dès que la passion la plus légère ou le moindre intérêt y mit obstacle.

Cette situation créa une étrange école de subtilité et de dialectique, d'hypocrisie et de dissimulation ; quand survenait en effet le cas d'expliquer la désobéissance, surgissaient des raisons fières et polies, éloquentes parfois et toutes appuyées sur le meilleur service de : « la Royale, Sacrée, Catholique et Césarienne Majesté. »

----

(1) Geste respectueux emprunté aux Arabes.

Ainsi, avec cette fausse soumission à la loi, se formèrent des sociétés étayées sur ce mensonge connu et public. Là est la source d'un manque d'obéissance à la loi et à l'autorité, qui n'est qu'une revanche contre les réglementations artificielles ou l'autorité illégitime.

IV

Mais est-ce que ceux qui faisaient ces lois ignoraient qu'elles ne convenaient pas à l'Amérique ?

Au contraire. Des hommes sagaces, comme il y en eut au service de la Couronne, en Espagne et en Amérique, le virent dès le premier moment.

En 1517, par exemple, les pères Hiéronymites conseillaient au Cardinal Cisneros d'adopter trois mesures fondamentales :

1er Ouvrir les ports d'Espagne.

2is Autoriser tous les Espagnols à passer en Amérique.

3is Prêter l'argent de la caisse royale aux habitants pour le développement des affaires.

Le licencié Alonso de Zuazo, un des premiers concussionnaires, conseillait de concéder des primes pour que les travailleurs vinssent en Amérique, de favoriser les négociants : « pour qu'ils pussent arriver de tous les ports, car il y a de grands inconvénients à réduire le commerce au seul débouché (1) de Séville. »

Cet observateur clairvoyant conseillait de donner de l'unité au gouvernement en Amérique, d'autoriser à porter les appels devant les juges du pays lui-même, attendu que les appels jugés en Castille « faisaient périr la justice. »

Les procureurs de Saint-Domingue rédigèrent un mémoire qui contient de précieuses déclarations : « Ils demandent la liberté du commerce entre l'Espagne et les Indes, et même pour les étrangers ; la liberté du transit; l'abolition du droit sur l'extraction de l'or, et sur le sel ; la permission donnée aux procureurs de se réunir sans l'autorisation de personne. » Les colons devraient venir avec leurs femmes ; il ne faudrait plus concéder de charges de notaires : « car il n'y en a déjà que trop pour nous perdre en procès et en chicanes. »

Dans ce lointain et obscur message, sans autre lumière que celle des premiers essais de la vie sociale en Amérique, est contenu tout le procès et le jugement des erreurs de la colonisation.

De México, le licencié Quiroga écrit, en 1528, un mémoire d'une sagesse admirable, qui incite à étudier la vie de cet homme, car de cette mé-

---

(1) *Agujero* : trou. Zuazo veut dire que ce port est bien petit pour un aussi grand commerce.

daille sans relief apparent pourrait se dégager une grande figure.

Il nous donne une raison de l'inefficacité de la législation : il faut modifier les lois, dit-il, selon les gens et les pays et ne pas faire comme le médecin qui veut soigner toute les maladies avec le même emplâtre.

« Jamais, en aucun cas, affirme-t-il, ces lois n'ont été observées, ne s'observent et ne s'observeront, car ordonnances et règlements doivent être possibles pour être observés. »

« On a vu, à l'encontre des ordonnances, conclut-il en relatant d'affreux abus, appliquer à des enfants à la mamelle, de trois et quatre mois, un fer chaud si grand qu'à peine peut-il trouver place sur leur joue ! »

V

Dans l'histoire du Pérou, il est une figure qui personnifie le symbole du contraste entre la réalité non conforme à la loi et la loi qui n'arriva pas à être réalité ; C'est le père Vicente de Valverde, le compagnon et le parent de Francisco Pizarro.

Ce fut lui qui somma Atahualpa de se reconnaître sujet du Roi de Castille en invoquant la Bible qu'il tenait à la main et qu'il remit à l'Inca, lors de cette première rencontre avec Pizarro ;

scène qui est une des plus dramatiques de l'Histoire ! L'Inca prit le livre et, après l'avoir feuilleté
sans y découvrir l'explication qu'il comptait y
trouver, il jeta la bible à terre.

Ce geste, pris pour un sacrilège et un défi, provoqua le cri de guerre de Valverde : « *Santiago y
a ellos!*, Saint Jacques ! Tombons sur eux ! » Ce
cri poussa Pizarro et ses soldats à assaillir l'Inca,
à le faire prisonnier et à massacrer son escorte
épouvantée, et cela suivant un plan habilement
préparé.

Valverde intervient bientôt dans le piège de
la rançon proposée à l'Inca. Pour l'obtenir, le
captif devait remplir d'or sa prison jusqu'à la
hauteur qu'il atteignait de sa main élevée, étendue
en se dressant sur la pointe des pieds (1). Valverde se proposa pour signer la sentence qui con-
damnait l'Inca à être brulé vif, et il l'accompagna
ensuite jusqu'à l'échafaud comme un pieux
confesseur ! Les artifices du moine n'ont pas
trompé la postérité, qui a reconnu en lui celui
qui vraiment jeta la bible à terre.

Peu de temps après, l'évêque de Cuzco —
épiscopus cozconensis, ainsi qu'il s'intitulait
dans un latin doublement barbare — écrivait au
Roi des mémoires copieux en termes d'une piété
affligée ; il se plaignait des traitements qu'on

---

(1) Cette salle avait, dit-on, 374 pieds carrés.

faisait subir aux Indiens, il exaltait le zèle qu'il mettait à les protéger, en obéissant, disait-il, aux ordres royaux, et il demandait de l'aide pour la famille de l'Inca, alors qu'il avait contribué à le condamner injustement.

Voilà le personnage de la loi non réalisée; mais la réalité non conforme à la loi n'a en rien, au sujet de cet homme, différé de ce qui précède : à l'époque même où il versait ces larmes si nobles, il était accusé, par Diego Almagro le jeune, d'avoir été l'un des auteurs principaux de la mort de son père, le gouverneur, et encore d'être un factieux passionné et dur, qui se servait de la chaire pour assouvir son âme vindicative.

VI

Le marquis de Montes Claros, qui fut vice-roi de la nouvelle Espagne et du Pérou, disait à son successeur, en 1615 : « Quant aux cédules, Votre Excellence en trouvera un grand nombre à exécuter, et de tous les temps. Lorsque vous en rencontrerez une qui ne soit pas en vigueur, soyez assuré qu'elle doit avoir été révoquée, ou bien qu'elle n'est pas observée, et cela pour telle et telle raison. »

L'envie de légiférer, la loi improvisée et par suite non observée, créèrent une ambiance idéale pour le légiste ami de la discussion et pour le chicanier fourbe et intrigant.

La dialectique judiciaire prend un essor qui ne va pas diminuer pendant des siècles : elle était favorisée par la complication des lois et des ordonnances, des cédules et des instructions qui ressemblaient à ces végétations superficielles et envahissantes qui recouvrent, de leur abondance stérile, les troncs d'arbres morts dans les grands bois.

Le conflit, entre la loi écrite et la société qu'elle aspirait à commander, occasionna une suite d'oppositions et d'interprétations dont les contrariétés et les alternatives remplissent les siècles de la vie coloniale de l'Amérique.

Un exemple caractéristique du verbiage des lois en Amérique est la fameuse application, aux Indiens de Terre-Ferme (1), de la sommation d'obéissance au Roi, ordonnance fondamentale de la conquête.

Pedrarias Dávila, accompagné par un évêque, le 12 juin 1514, se présenta sur la plage de Puerto de Santa María (2), devant une multitude d'Indiens accourus là prêts à se battre, et il les interpella pour qu'il se soumissent à la sommation

---

(1) Partie de Panama et de Colombie allant de la rivière de Chagres au golfe de Darien, dont la découverte suivit celles des Antilles.

(2) *Puerto Santa Maria*, port du Nord de la Colombie.

d'obéissance au Roi en les menaçant, en cas de refus, de les passer par les armes. Naturellement les Indiens ne comprirent rien à cette pantomime et ils furent égorgés, mais, comme la formule avait été accomplie, les égorgeurs purent besogner en toute sûreté de conscience.

C'est là une scène semblable à celle de la Bible présentée à l'Inca Atahualpa pour qu'il la baisât : il la rejeta et ce fut le signal de l'attaque et du massacre.

Oviedo rapporte que, trois ans après, il se trouva en Espagne avec Palacio Rubio, le fameux jurisconsulte auteur de la sommation, et, lui ayant raconté la manière dont on s'y était pris : « il me sembla, ajoute le chroniqueur, que Palacio en riait beaucoup. »

Bartolomé Hurtado faisait lire devant les Indiens, sans aucun interprête, le fameux document, et, comme naturellement ils n'obéissaient pas à la sommation, il pouvait exercer la sanction qu'elle contenait : « Si vous n'obéissez pas je prendrai vos personnes, vos femmes et vos enfants, et je ferai de vous tous des esclaves. »

La formule du droit était observée.

« Les gens de ce pays, dit un auditeur de Lima, en 1560, ne veulent ni loi ni roi. » Un procureur du Roi (1) au même tribunal ajoute que les délits

____

(1) *Fiscal*, notre procureur du Roi jadis, de la République aujourd'hui.

ne se punissent pas, aussi les peines sévères édictées contre ceux qui mettent la main sur les biens
du Roi restent-elles sans effet : « parce qu'elles ne
s'exécutent pas. » En 1562, le licencié Monzou,
de Lima, déclare dans une dénonciation au Roi
que la justice se vend, qu'on n'exécute pas les
jugements et qu'on n'observe pas les lois. « On
n'obéit à aucune cédule, si ce n'est quand on a
intérêt à le faire.»

Le vice-roi Cañete, expose l'auditeur Bravo
Saravia, pourvoit, à lui seul, aux affaires de justice. « Sans se soucier du tribunal, il révoque lois
et jugements et il fait des choses telles que sa
Majesté dit qu'elles resteraient sans valeur si
sa personne royale les faisait. » L'auditeur ajoute
que le vice-roi « se considérait comme la loi
vivante, de telle sorte que tous les emplois royaux
se réduisent à un seul, et celui-là c'est le sien. »

Les instructions données à Pedrarias Dávila
forment un recueil rempli de nobles prévisions et
de règles sensées de gouvernement ; elles pro-
hibent « la venue en Amérique des hommes de
loi qui y arrivent pour guider les gens dans les
affaires ; d'autant plus, déclare le Roi, que,
d'après les suppliques qui nous ont été adressées
et dont nous avons vérifié le bien fondé, ils ont
été la cause, dans l'Ile Espagnole (1), de procès

-----

(1) Saint Domingue et Haïti.

et de débats qui n'auraient pas eu lieu sans leurs agissements et leurs conseils. »

Il devait vraiment être homme à se conformer à ces instructions celui qui, d'après un chroniqueur : « avait été parfois, dans les procès, l'avocat des deux parties, et juge pour décider en faveur de celui qui le payait le mieux. »

Le chroniqueur Oviedo écrivait au Roi, en 1537 : « Sans hommes de loi, Almagro et Pizarro furent longtemps amis ; ils découvrirent un empire très riche, et ils n'eurent pas besoin de légistes pour cela. Mais depuis qu'il y en eut, ils ne s'entendirent plus, leur amitié disparut, et ce pays se perdra si tant d'hommes de loi le parcourent. »

Les lois ne renfermaient plus le droit, c'est à dire elles n'étaient plus inspirées par les besoins. Les interpréter, c'était affaire d'empirisme.

La loi représenta une entrave artificielle pour des hommes dont la volonté était sans frein ; vouloir réfréner cet élan c'était exciter sa course.

On ne peut donc pas parler de droit indien basé sur les cédules, sur les prescriptions royales. Les idées qu'elles contiennent, les fins qu'elles poursuivent, sont des actes purement intellectuels, l'exposition de plans de gouvernement, qui aident à reconstituer la psychologie de l'Espagne, mais ne restent d'aucune manière l'expression de la vie américaine.

VII

Toutefois, il est évident qu'à travers l'ensemble des lois qui ne s'exécutaient pas, parmi leurs prescriptions mortes, commença à naître, alimenté par la réalité des faits, un droit américain. Il était formé par les décisions qu'étaient forcés de prendre gouverneurs et juges qui suppléaient au silence et aux imprévisions des cédules royales.

Pendant le siècle de l'installation des colonies, tous les jours se présentaient des cas nouveaux.

C'est là-dessus que travaillèrent les juristes. Il existe certainement une œuvre originale qui leur est due.

Deux phénomènes nouveaux demandaient à être mis en théorie : les commanderies, le service personnel. On discutera longuement sur leur nature et sur leurs différences avec les institutions juridiques leur ressemblant. Est-ce une emphytéose, un usufruit, une donation ?

La succession des commanderies aura aussi son caractère spécial, puisqu'elles ne durent, en général, que pendant « deux vies. »

On met à contribution l'érudition historique et juridique, on développe d'amples démonstrations fondées sur l'autorité des écrivains profanes et sacrés, pour en venir à justifier les décisions du

Palais de Justice. C'est là presque toujours l'histoire des jurisconsultes.

Les biens des défunts américains furent une matière judiciaire inconnue en Espagne, surtout vu l'importance qu'elle prit en Amérique, par suite du nombre des propriétaires qui, après l'être devenus là-bas, retournaient dans la Péninsule.

L'amour de la dialectique prit tout son essor. Si un commandeur se marie avec une veuve qui possède, elle aussi, des Indiens, conservera-t-il les deux commanderies ? Si un fils hérite d'une commanderie et qu'il ait des sœurs majeures, quelles sont ses obligations envers elles ? Quand le commandeur est absent, son droit à la commanderie se maintient-il, étant donné que c'est-là un droit personnel ? Quelle est la responsabilité du commandeur en cas de dommages commis par ses Indiens ?

Les solutions sont trouvées peu à peu, et elles s'incorporent au droit américain.

Solorzano et Léon Pinelo eux-mêmes, si sensés et si habiles, reconnaissent que les lois se faisaient à une distance si grande que jamais elles ne trouvèrent une complète application.

Dès le premier moment, il se présenta des cas qui donnèrent lieu à de savantes disputes, surtout sur le terrain de la théologie juridique. Des questions ardues furent proposées : la première relative à l'âme des Indiens ; ensuite sur le droit de l'Espagne à s'approprier les terres et à subjuguer les Indiens. Leur baptême et leur mariage furent des sujets traités au XVIᵉ siècle dans les conciles de México et de Lima.

On admit que leur baptême pourrait se faire en laissant de côté les rigueurs liturgiques ; quant au mariage il fut également nécessaire d'adopter des solutions d'opportunité. En ce qui concernait les Indiens néophytes, leur mariage pouvait-il être autorisé avec les épouses qu'ils avaient déjà ? Dans le cas de l'affirmation avec laquelle d'entre elles ?

Il n'aurait pas été naturel que, seule, la famille des jurisconsultes n'eût pas sa part, dans cette « Merveille » de l'Amérique. Francisco Pérez parle, ébloui, de la richesse du Pérou ; un autre rappelle : « l'affaire de l'expédition de Pedrarias Dávila comme une des plus grandes qu'il y ait eu dans le monde. »

Les jurisconsultes trouvèrent, eux aussi, leur paradis. Depuis le XIᵉ siècle, époque de la Renaissance du Droit Romain, il ne s'était présenté, pour la passion des discussions juridiques, pour cette gymnastique sensuelle de l'argumentation, un stimulant égal à celui qu'offrait la vie américaine avec la virginité de ses phénomènes sociaux.

Et depuis les esprits élevés et créateurs, dans le genre de Palacio Rubio ou de Solórzano Pe-

reyra, jusqu'aux chicaniers de village que pour-
suivirent tellement les gouverneurs quand ils ne
les avaient pas de leur côté, l'esprit juriste trouva,
lui aussi, là-bas, sa petite Amérique.

VIII

Les forces sociales, contraintes, niées ou simplement méconnues, iront se creusant un lit, cherchant leur destinée, par-dessous ou sur les côtés
du régime officiel, jusqu'au jour où — et ce fut
celui de la Révolution — elles emportèrent les
restes minés de l'édifice légal.

Il n'y eut pas un génie politique, qui comprît
le nouveau phénomène juridique que réclamait
l'Amérique ; c'est ce qui précipita les événements et abrégea la durée de l'empire colonial
de l'Espagne.

Si les ambitions et les besoins de l'Amérique
avaient été envisagés et satisfaits avec sagacité,
la Révolution aurait été tout au moins retardée.

Puisque les erreurs du gouvernement colonial
préparaient l'Indépendance, demandons-nous
maintenant si ces fautes furent un bien ou un
mal ? Telle est la question troublante que se
pose l'historien, lorsque dans son esprit à commencé à s'éteindre la voix des grands intérêts
humains, étouffée par la compression des pré-

jugés, par les criailleries des passions, et par les explosions de ce romantisme qui s'extasie devant « les beaux crimes. »

Cette demande s'énonce plus impérieusement en face du massacre des nations indigènes dont furent le théâtre les Indes orientales et occidentales et que les inspirations humanitaires mais vaines de la législation ne purent empêcher.

Qu'aurait été l'Amérique sans cette destruction des Indiens ? Quelle serait aujourd'hui sa situation ? Ce vaste pays serait-il occupé par des nations radicalement incapables, endormies dans le fanatisme et l'inertie ?

Juger l'arbre par son fruit sera toujours une des plus fortes tendances qui poussent la médiocrité qui raisonne à s'opposer aux élans créateurs du Bien et de la Justice.

CHAPITRE X

LES SPECTACLES

I

Tout groupement humain, si rudimentaire qu'il soit, demande des satisfactions esthétiques. Quelles furent celles de la primitive société de l'Amérique ?

L'Eglise lui donna, avec ses cérémonies et ses fêtes, les seuls spectacles qui fissent oublier les nécessités impérieuses de la guerre.

Ajoutons à cela, comme événements extraordinaires, la venue d'un gouverneur ; l'arrivée d'un navire, si l'on est dans un port ; le vacarme des marchés, ou les réjouissances publiques célébrant une victoire de l'Espagne dans les Flandres ou contre les Turcs, ou encore la naissance d'un Prince.

Il y avait les danses, ou *fandangos*, célébrées

par métis et mulâtres, à l'occasion de l'arrivée des galions dans les ports de la mer du Nord (1); les équipages s'y mêlaient, et c'est là que se révéla le style des danses et des chansons américaines.

Les deuils et les funérailles, de même, offraient beaucoup d'attractions, et donnaient lieu à des actes de sociabilité et à de bruyantes cérémonies : surtout s'il s'agissait de personnages d'importance.

Un chapitre essentiel des fêtes était constitué par les mascarades qui figuraient les coutumes indiennes. Il semble que, dès les premiers temps, on usa, comme thème de spectacle, des coutumes des Indiens — ces sujets-là se reproduisent encore dans beaucoup de villages américains —; on s'y servait de leurs instruments de musique, ingénieuses flûtes de roseaux, et tambourin ou *caja*.

Il faudra attendre le siècle suivant pour reconnaître l'attraction de Lima, comme capitale fastueuse, ou de Potosi, comme foyer ardent de plaisirs et de jeux.

Parmi les intermèdes qui tempéraient la sauvagerie de la vie dans les villages, pendant le XVIe siècle, ou déviaient l'ardeur des passions vers des fins moins sordides ou moins brutales, il faut compter les partis formés lors des élections des

---

(1) Là mer des Antilles.

municipalités et les disputes pour la règlementation des formes des cérémonies.

La seule chose qui contribuât à exciter ces passions, autant que la possession d'une commanderie, était l'ordre des préséances dans une procession. C'était là un reste des sentiments d'honneur et de respect inspirés par les dignités, une survivance des habitudes du Moyen-Age, qui flottait au-dessus du tourbillon de sang de la conquête.

Les lois des Indes dictaient des règles prolixes et sentencieuses, en matière de cérémonial et de protocole, pour établir rigoureusement les rangs, la pompe, dans les cérémonies publiques, le décorum des institutions.

Comment doit-on recevoir les recteurs de l'Université ? Peuvent-ils, dans les cérémonies, amener deux nègres, l'épée à la main ? Quel doit être l'ordre à observer sur les estrades ? Qui a droit à la préséance, l'évêque ou le président de l'audience ? Quand celui-là doit-il asperger celui-ci d'eau bénîte et lui présenter la patène à baiser ? Le prélat doit-il laisser retomber ou relever les pans de sa chape ? Voilà les sujets des pragmatiques royales.

Il fallut une ordonnance royale pour réformer l'erreur liturgique d'après laquelle, lors de la réception du vice-roi, l'évêque faisait son entrée sous un dais, à côté du représentant du Roi. Le prélat ne doit pas non plus pénétrer : « dans les appartements du vice-roi avec des serviteurs qui portent les pans de son vêtement ; ils doivent les laisser retomber à la porte de la pièce où se tient le vice-roi. »

Ces questions n'ont pas de l'importance seulement lorsqu'il s'agit de hauts personnages ; au sein d'un conseil municipal récemment installé, dans une localité qui compte à peine vingt habitants, on engage des discussions et des querelles pour savoir qui doit porter, dans un cortège, l'étendard royal, et comment on doit le tenir.

Parmi les spectacles qui réjouirent les soldats de la conquête ne comptons pas ceux de la nature. Elle ne pouvait pas être une source de beauté ni d'enchantement, cette terre qui avait été l'alliée la plus fidèle de l'Indien. Ils ne purent reconnaître ni la majesté de ses forêts, ni la beauté de sa flore, ni l'aspect sublime de ses montagnes, puisqu'ils ne virent là que des obstacles redoutables quand ils marchaient à la découverte des mines ou luttaient pour soumettre les Indiens.

II

Evoquons quelques-uns des spectacles du XVIe siècle, avec les propres paroles des chroniqueurs qui prêtent à leur récit une saveur rude et archaïque.

Alonso de Palomino décrit ainsi l'arrivée, dans la ville de Los Reyes (1), du premier vice-roi, Nuñez de Vela : « A sa rencontre sortirent l'évêque, le gouverneur Vaca de Castro, les habitants et les *regidores* (2) qui étaient là présents et qui y habitaient, ainsi que nous autres, les *hijosdalgos*, qui étions là. A l'entrée de la ville, on avait dressé, en son honneur, un arc triomphal de verdure, et on avait amené pour lui, un dais cramoisi avec huit pieds revêtus d'argent. Le vice-roi se plaça sous le dais avec le cheval sur lequel il était monté. De l'arc de triomphe, il se rendit à la cathédrale où il fit oraison. Au sortir de l'église il ne voulut pas remonter à cheval, mais, se plaçant une seconde fois sous le dais, il se rendit au palais du marquis Pizarro dont Dieu ait l'âme. Devant lui marchaient constamment, depuis son entrée en ville, ses massiers et ses hallebardiers ; plus en avant se tenaient l'évêque, le licencié Vaca de Castro qui avait été gouverneur et le reste des gentilshommes. Ceux qui portaient les pieds du dais étaient les employés du Roi et les *regidores* les plus qualifiés. C'étaient les serviteurs du vice-roi qui, tout d'abord, avaient pris livraison du dais et choisi

---

(1) Ce fut le nom primitif donné à la ville de Lima par son fondateur Pizarro.

(2) *Regidores*, membres de l'*Ayuntamiento*, conseillers municipaux.

ceux qui devaient le porter. A l'entrée de l'arc
de triomphe on avait remis au vice-roi un missel
pour qu'il jurât sur ce livre de maintenir les faveurs et les privilèges accordés par Sa Majesté,
mais, avant que ce livre lui fut présenté, il avait
déclaré qu'il venait faire accomplir les ordres
de Sa Majesté, c'est-à-dire les ordonnances
susdites. »

Les réjouissances vraiment populaires qu'a-
mena le triomphal succès de Gonzalo Pizarro,
consistèrent dans les fêtes de sa réception à
Lima, après sa victoire d'Anaquito.

Un chroniqueur en parle ainsi :

« Quelques *regidores* et citoyens, qui alors
aimaient beaucoup le nouveau souverain et qui
lui étaient tout dévoués, demandèrent qu'on le
reçût avec un dais comme un roi, car il le méri-
tait bien pour leur avoir rendu la liberté ; maintenant ils étaient en sécurité dans leurs demeures
sans avoir à redouter ni l'orgueil du vice-roi ni
les ordonnaces. D'autres furent d'avis d'ouvrir
une voie nouvelle à travers la demeure du *con-
tador* Alonso de Cáceres, chef de comptabilité du
Roi, afin que le tyran entrât comme un triompha-
teur : on commémorerait ainsi à perpétuité le
souvenir de la victoire qu'il avait remportée sur
le vice-roi et on appellerait désormais cette voie
la rue de la Liberté. Le licencié Carvajal, qui était
là présent, dit qu'il ne fallait adopter aucun de

ces deux projets, car ils auraient pour eux un effet qui ne tournerait ni à leur honneur ni à leur réputation. Il valait bien mieux tendre dans toutes les rues, les tapisser sur le passage du vainqueur, et dresser quelques arcs de triomphe fleuris de roses. A son avis cela suffisait et valait mieux que le projet qu'ils avaient formé. Tous furent d'accord à ce sujet. Le licencié écrivit au tyran qui estima que les choses étaient bien organisées ainsi.

« Le lendemain, dans la matinée — c'était un mardi — Gonzalo Pizarro se mit en route avec plus de deux cents hommes, à cheval et armés d'arquebuses; la moitié de ces soldats était allée à sa rencontre. Aux environs de la cité, se tenaient beaucoup d'hommes à cheval et beaucoup d'arquebusiers à pied, qui pendant un moment se livrèrent à une escarmouche en sa présence. Un peu en avant et près de la rivière de la ville, plus de deux cents hommes, à cheval et porteurs d'arquebuses, qui étaient en embuscade, se lancèrent sur le flanc de la cavalerie du tyran, en faisant feu de leurs arquebuses chargées à blanc. Aussitôt les cavaliers s'élancèrent; ils firent autour du tyran et de sa suite beaucoup d'évolutions et de contre-évolutions; les arquebusiers, d'un côté, de l'autre, ne cessaient de tirer, ce que Gonzalo Pizarro prit grand plaisir à voir. Le capitaine de ces gens-là était don An-

tonio de Rivera. Au moment de l'entrée dans la
ville, plus de deux cents arquebusiers mirent
prestement pied à terre; ils étaient élégamment
vêtus, armés de cottes et de grégues de maille,
casqués de salades d'acier incrustées d'argent,
et l'arquebuse à la main. Les capitaines Juan
Velez de Guebara et Hernando Bachicao mirent,
de même, pied à terre, en se plaçant devant
Gonzalo Pizarro, la tête découverte, quoique
bien armés ; chacun d'eux prit une des rênes du
cheval sur lequel était monté le général fort ri-
chement armé. A ses côtés marchaient les révérendissimes seigneurs évêques, le père don Jéro-
nimo de Loaisa, évêque de Lima, et le père don
Juan Solano, évêque de Cuzco. qui tous les deux
se tenaient à sa droite ; puis don García Arias
Ramírez, évêque élu de Quito, et l'évêque de
Santa María de Bogota, qui était venu lui aussi
pour recevoir la consécration, occupaient le côté
gauche. Devant le tyran marchait Lorenzo de
Aldana, son lieutenant-gouverneur et son capi-
taine-général, avec tout le conseil et toute la municipalité de la ville, et beaucoup d'hàbitants de
qualité ; il y avait là aussi une telle multitude de
gens qu'ils ne tenaient pas dans la rue. A côté
marchait Paulo de Valdecillo, un fameux bouffon
et facétieux, qui poussait des acclamations en
appelant Gonzalo Pizarro : « le père de la patrie », son libérateur, le grand seigneur et gou-

verneur des royaumes et provinces du Pérou, et il allait lui disant ainsi beaucoup de choses folles et extravagantes. A ce moment-là les trompettes et les hautbois se mirent bruyamment à jouer et les cloches de la cathédrale et celles des monastères de Nuestra Señora de la Merced et de Santo Domingo commencèrent à carillonner joyeusement ; de temps à autre les arquebusiers tiraient des salves et criaient très fort : « Vive le Roi et le gouverneur Gonzalo Pizarro ! » On portait les bannières du vice-roi, baissées et repliées, mais les bannières et les étendards du tyran étaient dressés et flottaient au vent. C'est dans cet ordre et cette disposition qu'ils pénétrèrent dans la ville, au milieu des démonstrations de plaisir et de joie. Lorsqu'ils arrivèrent sur la place, tous les arquebusieurs tirèrent en l'honneur du vainqueur une fort belle salve et ils crièrent : « Vive le Roi et vive Gonzalo Pizarro ! » et ces acclamations se répétèrent avec beaucoup d'autres cris. La salve et les vivats terminés, tous entrèrent dans la cathédrale où l'on entendit une grand'messe fort solennelle.

« La messe dite, Gonzalo Pizarro sortit de l'église, puis, très bien accompagné par les quatre révérendissimes évêques, par les employés de Sa Majesté et les *regidores* ainsi que par tous les habitants, il se rendit dans le palais de son frère Francisco Pizarro, où il fut fort bien logé, et cela

avec beaucoup de musique et de grandes salves
d'arquebuses. »

III

Certaines villes, spécialement favorisées,
voyaient affluer conquérants et aventuriers.
Tout d'abord : Portobelo, Cartagena, Santa
Marta (1) et Veracrúz, ports de débarquement des
navires qui apportaient les marchandises venant
d'Espagne ; d'autres villes, parce qu'elles étaient
des sièges de gouvernement, telles les villes de
Los Reyes et de México, celle de Panama, lieu de
passage forcé pour aller au Pérou, et finalement
Potosi (2), recherchée à cause des gains fantastiques qu'on pouvait y réaliser.

Aucune ville n'atteignit la renommée de cette
dernière, qui arriva à son comble de prospérité
dans le courant du siècle suivant. Elle a séduit
les historiens, les chroniqueurs et les romanciers,
depuis Arrauz de Orsua jusqu'à Julio L. Jaimes.

Fondée en 1545, la cité impériale de Potosi, fut
rapidement un *emporium* commercial, une ville
de marchands, une capitale du luxe et des fêtes.

Le vice-roi, comte de Montes Claros, au com-

____

(1) Santa Marta, Colombie, département de Magdalena.
(2) Potosi, Bolivie, département de ce nom ; cette célèbre
cité minière est dix fois moins peuplée qu'au temps de
sa splendeur.

mencement du XVIIᵉ siècle, disait dans ses mémoires au sujet des deux *cerros* (1) de Potosi : « Ces montagnes sont le trésor dés nations, le dépôt des biens qui l'ont enrichie, le but principal des navigateurs, un sanctuaire d'universelle dévotion. Finalement, dans ces royaumes, c'est le lierre qui, en même temps, ronge le mur et le soutient : c'est-à-dire que cette montagne peuple avec ses trésors ce qu'elle ruine rapidement avec ses travaux. »

« Potosi est en quelque sorte le centre de toutes les Indes, dit le P. Reginaldo de Lizarraga, chroniqueur de la fin du XVIᵉ siècle, notre but et notre séjour préféré, à nous tous qui venons ici. Qui n'a pas vu Potosi n'a pas vu les Indes. C'est la richesse du monde, la terreur du Turc, le frein de tous ceux qui haïssent et notre foi et la renommée espagnole, l'effroi des hérétiques, le silence imposé aux nations barbares. Tous ces qualificatifs lui conviennent. Avec les trésors tirés des flancs de son *cerro*, l'Italie, la France, l'Allemagne sont riches ; le Turc lui-même a dans son trésor de l'argent en barre de Potosi, et il redoute le Maître de cette montagne, souverain de ces riches royaumes. Les ennemis du grand Philippe, de la puissance de l'Espagne et de sa foi chrétienne, dès qu'ils se souviennent

____

(1) *Cerros*, collines, montagnes

qu'il est maître de Potosi, n'osent plus bouger de chez eux. Les hérétiques en perdent pour ainsi dire la respiration et, quand les potentats du monde veulent se conjurer contre la Majesté Catholique, ils ne parviennent pas à parler. »

Les richesses fantastiques de Potosi et de Huancavélica (1) signifiaient que les Eldorados n'étaient pas une chimère, et ainsi s'explique comment, sous l'influence de leurs mines, s'enflammait, comme un bûcher, l'imagination des conquérants et des chroniqueurs.

L'attraction de cette capitale de la richesse, du luxe et des folles dépenses, attira dans ses murs des gens d'humeur aventureuse et remuante.

Plus d'une cédule royale fut nécessitée par le besoin de remédier aux querelles que l'arrogance, fille des gains faciles, attisait dans les esprits.

Avec le temps, les rixes dites des *vigognes*, entre Castillans et Basques, donneront lieu à des chroniques curieuses et dramatiques.

De très bonne heure, à peine la prodigieuse montagne était-elle découverte, la ville impériale dut exciter les fertiles imaginations des conquérants et des commandeurs.

Tous avaient sûrement devant les yeux l'enivrant spectacle que les récits devaient répandre

----

(1) Huancavélica, ville péruvienne, capitale du département et de la province de ce nom ; minés de mercure.

dans tout le Pérou et faire parvenir jusque dans la Nouvelle-Espagne.

Ces récits décrivaient ce qu'était le pourtour de Potosi pendant la nuit. La montagne présentait un aspect fantastique. Le métal, dans les premiers temps, fut traité dans les *guairas* (1), jusqu'au moment où l'on se servit du mercure pour le purifier. Une fois l'argent lavé et criblé, à la tombée de la nuit, on le jetait dans des fours, les *guairas*, arrondis, troués comme des pigeonniers et larges d'une *vara* (2). Le vent de la montagne soufflait sur le feu du four et le métal fondait. A côté se tenait l'Indien chargé d'aviver le foyer et de l'entretenir, si c'était nécessaire, avec le charbon entassé d'avance sur la petite plate-forme des assises du four.

L'Indien supportait le froid glacial de Potosi parce qu'au bout de chaque nuit un lingot d'argent brillant devait compenser son excessive fatigue.

Sur les hauteurs de la montagne on allumait jusqu'à quatre mille *guairas*. Ce fut-là sans doute une des scènes qui frappèrent le plus profondément l'imagination des gens, à en juger par le tremblement d'émotion avec lequel en parlent

---

(1) *Guairas* : petits fours bâtis pour fondre l'argent ; ce mot, en idiome *quechua*, signifie vent. Ces fourneaux de terre étaient percés de trous multiples.

(2) La *vara* égale environ 0 m. 83.

les chroniqueurs, depuis Cieza de León jusqu'à
Gutiérrez de Santa Clara.

Ecoutons la description que fait du marché de
Potosi, Cieza de Léon.

« Aucun *tianguez*, ou marché du royaume,
n'égala le magnifique marché de Potosi ; les
affaires, en effet, y étaient si importantes que,
sans que les chrétiens intervinssent, entre Indiens
seulement, il s'y vendait, chaque jour, au temps
où les mines étaient prospères, pour vingt-cinq
ou trente mille écus d'or, et certains jours, chose
extraordinaire, pour plus de quarante mille. Et
je crois qu'aucune foire du monde n'atteint les
transactions de ce marché. J'ai observé cela plusieurs fois : Je voyais, sur la surface aplanie qui
forme la place, s'allonger une rangée de paniers
de coca qui constitue la plus grande richesse de
cette région; d'un côté, des tas de couvertures et
de chemises, riches, fines ou grossières ; d'un
autre, des monceaux de maïs, des patates sèches
(1) et diverses denrées servant à la nourriture des
Indiens ; en sus de cela, un grand nombre de
quartiers d'une viande qui était la meilleure qu'il
y eût dans le royaume. Enfin on vendait là beaucoup d'autres choses dont je ne parle pas. Cette
foire ou marché durait depuis le matin jusqu'à la
tombée de la nuit. Et comme on tirait tous les

____

(1) *Papas* : *patatas*, pommes de terre.

jours des *guairas* de l'argent et que les Indiens aiment à manger et à boire, spécialement ceux qui ont des rapports avec les Espagnols, tout ce qu'on avait apporté pour le vendre trouvait acheteur. Aussi venait-on au marché de toutes parts, avec des vivres et toutes choses nécessaires à l'approvisionnement des Indiens. Beaucoup d'Espagnols s'enrichirent sur cette place de Potosi, rien qu'en ayant à leur service deux ou trois Indiennes qui achetaient et vendaient pour leur compte dans ce *tiangue* (1) ou marché. De bien des endroits accouraient de grandes bandes d'*Yanaconas* (2), de ces Indiens libres, qui peuvent servir qui bon leur semble.

« Les plus belles Indiennes de Cuzco et du royaume venaient à ce marché. Pendant le temps que j'ai passé là, j'ai remarqué une chose, c'est qu'on y commettait beaucoup de friponneries et que certaines gens y disaient force mensonges.

« Et quant au prix des choses, il y avait tant de marchandises qu'on vendait les rouenneries, les étoffes, les toiles de Hollande, presqu'aussi peu cher qu'en Espagne, et j'ai vu vendre à l'encan des choses pour un prix si peu élevé qu'à Séville on ne les aurait pas trouvées chères. En

---

(1) *Tiangues* ou *tiangue*, dans le sens de place, marché, ce terme était surtout employé au Mexique.

(2) *Yanacona*, ce terme usité dans toute l'Amérique espagnole signifiait primitivement un fonctionnaire attaché à la personne d'un chef.

conséquence bien des gens, qui avaient acquis de
grandes richesses, ne pouvant assouvir leur cupidité insatiable, se ruinèrent à vouloir faire du
commerce. Quelques-uns d'entre eux s'enfuirent
au Chili, au Tucumán et en d'autres lieux, pris
de peur à cause de leurs dettes. Aussi, ce dont
on entendait parler le plus là-bas, c'était des
procès et des contestations que les uns avaient
avec les autres. Le climat, à partir de Potosi, est
sain, spécialement pour les Indiens ; on n'en
voyait que peu ou point de malades. On porte
l'argent, par le chemin royal de Cuzco, jusqu'à
la ville d'Arequipa. Et la plus grande partie de
tout cet argent est transportée à dos de lamas (1) ;
et il faut savoir que, si l'on n'avait ces animaux,
il serait fort difficile de faire des affaires et de cir-
culer dans ce royaume, attendu la grande distance
qu'il y a d'une ville à l'autre et l'absence de
bêtes de somme. »

IV

C'est cependant l'église qui fut à la fois, là-bas,
le phare, le temple, l'agora, le forum, l'âme du
village ou de la ville.

C'est là qu'on reçoit le gouverneur, que se ré-

____

(1) On désignait ces animaux, suivant qu'ils étaient mâles
ou femelles sous les noms de *carneros*, moutons, et de
ovejas, brebis.

fugient les gens quand il y a quelque émeute,
qu'on se réunit pour délibérer, qu'on célèbre le
premier et le plus important des actes de toute
fête et de tout deuil.

A l'ombre de l'église, dont les murailles étaient
les moins provisoires du village, sous la suggestion de ses pompeuses cérémonies et de la grave
musique des cantiques, au milieu des odorants
nuages de l'encens, se calma un instant le sang
du conquérant excité par la meute des instincts.

L'épée toujours aiguisée restait enfin oisive,
suspendue au baudrier, le corselet quittait la poitrine et ne formait plus avec elle un seul et dur
métal. Le soldat téméraire, prompt au blasphème
et enflé d'arrogance, s'inclinait là, nu-tête, et
c'était la seule occasion où on le vît ainsi sans
qu'il eût roulé à terre avec son cheval en char-
geant les Indiens, ou sans qu'un terrible coup
d'épée à deux mains eût fait voler son casque
dans quelque querelle causée par l'amour ou le
jeu.

L'église devint également une source de poésie :
le miracle. Ce n'était pas la cupidité, cette fois,
qui servait d'éperon à l'imagination : il ne s'agissait plus de Trapalandas ni d'Eldorados ;
l'excitant était moins matériel. C'était l'intervention du surnaturel. Les yeux, alors, voyaient plus
facilement que les nôtres le nimbe merveilleux
dont s'entourent même les choses usuelles,

Le miracle était quotidien. Le moine convertisseur, venu du milieu des Indiens, le racontait et, à l'appui, il y avait des témoins espagnols. Tantôt c'est le jaguar qui guérit en la léchant la plaie faite par une flèche empoisonnée ; tantôt c'est le tonnerre qui foudroie un sorcier indien ; ou bien c'est l'apparition de l'apôtre Saint Jacques mettant en fuite les Indiens qui ont attaqué un détachement envoyé en reconnaissance ; ou bien enfin la source providentielle, grâce à laquelle les religieux perdus au milieu du désert ne meurent pas de soif.

Ces récits soulèvent dans les villages des transports de dévotion ; ils suspendent le joyeux bavardage des campements ; ils s'embellissent de commentaires en passant par la bouche des comptables, des inspecteurs ou des procureurs du roi, réunis à la fin des processions en face de l'église, dans un coin de la rustique petite place où fourmillent des soldats en brillant arroi, des Indiens demi-nus et les premiers métis.

La vie sociale n'eut pas de meilleur stimulant ni de plus fort aliment que les fêtes religieuses, célébrées à l'occasion de la commémoration d'un saint, de la naissance d'un prince ou d'une victoire des armes espagnoles. La procession est fréquente ; et elle est la plus grande leçon d'esthétique pour ces héros dont la sensibilité est si réduite.

La réception fastueuse des vices-rois est un privilège des métropoles. En revanche, les villages connurent les fêtes organisées pour la réception des évêques. La lente procession, escortée par une cavalerie en sueur que font cabrer les salves d'arquebuses, défile dans l'atmosphère lourde d'une après-midi tropicale, le long des rues, qui sont des sentiers en plein champ. Le soleil fait briller piques et cuirasses. L'Evêque avance porté sur un palanquin sous un dais d'étoffe damassée, entre les claies de roseaux des arcs de triomphe, au son scandé des litanies ; il met, comme un symbole de paix sur le coloris violent du tableau, la teinte adoucie de sa robe violette.

A la fin de la procession, viennent les confréries d'Indiens, convertis et porteurs de leurs bannières, et leur marche compassée, en même temps que les derniers sons des cloches, s'arrêtent dans la ruelle qui longe l'église.

CONCLUSION

CHAPITRE XI

LA CITÉ AMÉRICAINE

I

Nous croyons que jamais on n'a fait un parallèle entre la formation primitive indo-européenne et la formation américaine corrélative : c'est-à-dire entre le deuxième et le troisième acte du drame humain, comme dirait von Yhering, pour qui le premier acte est la civilisation de l'Asie.

Ce parallèle ne tiendrait pas dans un livre, mais le schéma peut tenir dans quelques lignes.

Le spectacle de l'origine de deux formations historiques présente le vif intérêt qui s'attache à toute naissance. Voir naître les choses doit avoir été l'origine de la science, le plan employé par la nature pour éveiller la curiosité humaine.

De même que dans l'arbre la semence laisse voir le fruit, ainsi le commencement de toutes choses aide à en connaître la fin.

La civilisation indo-européenne, à son berceau, consiste en une invasion prolongée et lente, en une pénétration capillaire, en un déplacement de multitudes pacifiques qui, de l'Asie, se glissèrent vers l'Europe.

La civilisation américaine, au contraire, est l'irruption de quelques poignées de soldats qui, par des coups de main, assujettirent à leur domination des millions d'hommes.

L'Europe se forma par l'immigration, l'Amérique par la conquête. Pour employer des termes de géologues, nous dirons que l'une est dûe à des alluvions, l'autre à une action volcanique.

Il y a là un premier trait qui caractérise différemment la vie européenne et la vie américaine.

En voici un autre : la civilisation de l'Amérique fut une œuvre de gouvernement, une entreprise d'Etat, une grande affaire administrative ; celle de l'Europe une œuvre anonyme, populaire, que nul ne codifia.

Que soit certaine ou non, l'institution du *Ver Sacrum* (1) ce printemps sacré des peuples, la pénétration aryenne en Europe se réalisa, comme une sorte d'exsudation, par la translation collective de familles et de groupes.

Chaque civilisation possède une œuvre qui lui

____

(1) *Ver Sacrum* : ce terme a été employé par von Yhering dans son livre sur les Indo-Européens et par Ratzel dans son ouvrage sur la Géographie de l'homme.

est propre : La Cité ! La Cité est la synthèse d'une civilisation, comme le geste ou le rythme traducteur de son âme.

Athènes est la Grèce, comme Rome est l'Empire ; Florence, la Renaissance ; Séville, l'âme espagnole.

II

Plaçons nous en face de la « cité antique » et de la « cité américaine ».

Que la « cité antique » soit ou ne soit pas celle de Fustel de Coulanges, elle est née de la famille, du couple humain ; elle a été créée par lui, à son image et à sa ressemblance, pénétrée de ce désir de se perpétuer qu'inspire l'amour et qui est représenté si fidèlement par le « feu sacré » inextinguible, allumé dans le « foyer ».

Cette cité antique est une invention de la terre cultivée et ses fondations ont été tracées par la charrue. Elle est l'œuvre des agriculteurs, que la terre retient comme les plantes mêmes qu'elle nourrit.

Le pasteur n'a pas créé des cités, mais des cabanes isolées et rustiques, car il vit pour ses troupeaux de brebis et autres bestiaux, et il se déplace avec leur caravane.

Le pasteur trace des sentiers, l'agriculteur construit des routes. La cité forme le nœud d'un réseau de chemins. Par eux, ces agriculteurs y transporteront les produits du sol, ou viendront s'y unir pour la défense commune, parce qu'ils ne peuvent pas s'échapper avec leur richesse comme les pasteurs. La terre, en livrant à l'homme les produits de son sein, l'enchaîne et le force à bâtir la ville : c'est ici la rançon de sa générosité !

Aussi la cité européenne s'est-elle élevée dans des terres fertiles ; il est des régions qui portent des villes millénaires.

La cité américaine naquit de l'épée, ce fut un fortin, une défense militaire. Elle fut créée par la décision d'un capitaine ; elle ne se forma pas lentement au prix d'un long labeur, elle ne naquit pas du couple humain et ne fut pas la fille des terres mises en culture.

La formation européenne, le *Ver Sacrum*, c'est à dire l'immigration périodique de groupes humains en excédent qui abandonnèrent le séjour de la tribu, ressemble plutôt à la formation sociale de l'Amérique après la guerre de l'Indépendance, c'est-à-dire à cette immigration européenne de nos jours, qui s'incorpore, par transfusion, à la société actuelle. On pourrait peut être comparer la cité américaine à celle que fondèrent les croisés en Orient, au XIe siècle : c'était là encore le produit d'une entreprise guerrière.

En revanche, elles ressemblaient à la cité européenne, les villes américaines antérieures à la conquête, telles que Cuzco et México, cités de pierre, qui résumaient l'effort séculaire de milliers d'hommes, avec la même vocation d'éternité que les villes grecques ; vocation révélée, en Amérique, par les *teocalli* ou *intihuasis*, les *huacas* les *quippus* (1), qui sont autant de formes qu'a prises un immense désir de survivre.

III

Un caractère impressionnant, lors de sa formation, de la destination provisoire de la cité espagnole en Amérique, c'est qu'elle ne possède ni pénates ni prytanée, c'est qu'elle ne vit pas dans le souvenir de ses enfants.

Elle fut un geste de voyageur, une précaution de combattant, un refuge pour se reposer pendant la marche.

Ces villes-là sont élevées et organisées par des gens qui pensent et rêvent à une cité éloignée qui est de l'autre côté des mers ; c'est à l'abri de ses

---

(1) *Teocalli* ou *teucali* (maison de Dieu) ancien temple mexicain.

Intihuasis, ou *Intihuatana*, temple péruvien du dieu Inti, le soleil.

Huacas, tumulus funéraires en pierres sèches des anciens indigènes du Pérou.

Quippus ou *quipus*, cordelettes à nœuds servant jadis, au Pérou, à compter.

murs, en Espagne, qu'ils espèrent bien, devenus riches, trouver un jour, le repos. Ils pensent à une femme et à des enfants éloignés d'eux, au profit et en honneur desquels ils jouent leur destinée, et ils se les représentent honorés et opulents, lorsqu'aura pris fin la hasardeuse expédition.

Les cités américaines ne conservent pas le souvenir de leur fondateur ; elles sont privées de ces légendes dont les villes d'Europe embellissent leur berceau : la louve romaine, les pierres de Deucalion, le geste de Cécrops à Athènes.

Si ceux qui lisent ces lignes sont nés dans une ancienne ville américaine et s'ils se demandaient soudain quels en furent les fondateurs, ils reconnaîtraient que la réponse ne vient pas facilement à leur esprit. Savoir cela c'est affaire d'érudition historique. Ces personnages-là n'ont pas pris corps dans la mémoire des peuples. Pour les Américains, l'histoire commence avec la guerre de l'Indépendance.

Où est donc le document qui rappelle Ramírez de Velazco, fondateur de diverses villes de l'Argentine ? Tucumán a voulu célébrer sa fondation et elle n'a pas pu encore déterminer le nom de celui qui mérite cet hommage.

La cité américaine ne reconnaît pas un père dans son fondateur, parce qu'il ne l'éleva pas avec un geste paternel, mais avec cette attitude de défi qui lui faisait brandir son épée au pied

TYPES DE CITÉS EUROPÉENNES FONDÉES AVANT L'ÈRE CHRÉTIENNE

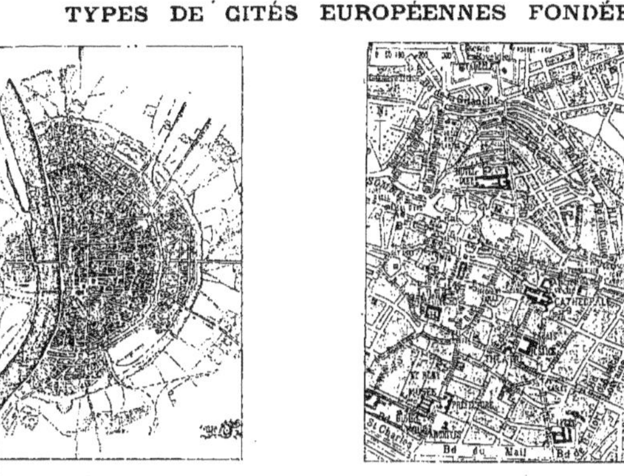

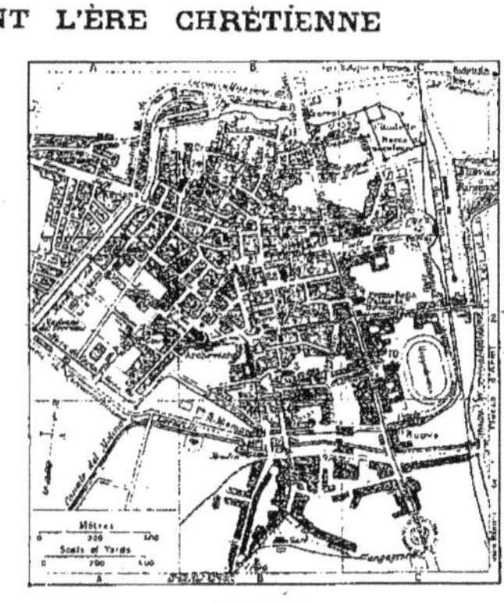

" La cité naturelle : sinueuse comme une rivière ou embrouillée comme une forêt... " (page 249.)

TYPES DE CITÉS AMÉRICAINES FONDÉES AU XVIᵉ SIÈCLE

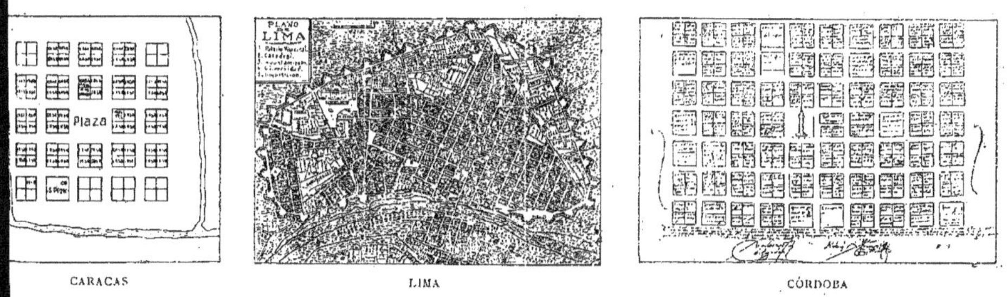

" La cité politique : symétrique comme un édifice ou comme un jardin... " (page 249.)

de « l'arbre de justice », est ainsi qu'il appelait le gibet.

L'Amérique, en réalité, manque de mémoire pour toute la durée de la période coloniale.

Ses villes furent le résultat d'ordres de rois, ou de coups de main (1) de capitaines ; ses lois furent décrétées par des fantômes lointains, au lieu qu'en Europe elles surgirent du sein même de la cité, comme des chants spontanés, les *carmina*, ainsi que les appelaient les Latins.

Aussi la ville européenne croissait-elle comme un organisme, de dedans en dehors ; la nôtre comme un mécanisme, de dehors en dedans; c'est ainsi que, de résidence d'un lieutenant, elle devenait résidence d'un gouverneur ou qu'on en faisait le siège d'une audience ou d'un évêché.

C'est donc pour cela que la ville américaine ne prend pas racine et qu'il est fréquent de la voir changer de place comme un campement. Ce sont des tentes de camp volant (2) qui suivent les péripéties de la lutte. Elles se peuplent, se dé-peuplent, meurent sans laisser de traces.

Un jour, elles s'installent à l'embouchure d'un cours d'eau, ou sur le sommet d'une montagne comme des vigies ; puis, elles remontent le cou-

____

(1) *Viaraza*. flux, acte rapide et inconsidéré.
(2) *Carpas* : de l'idiome *quechua*, *carpa*, hutte, cabane en branchages.

rant. ou descendent l'autre versant pour continuer à surveiller l'Indien ennemi.

Et de même encore, aujourd'hui, végètent des villages là où s'élevèrent des métropoles, et d'autres cités opulentes ont surgi dans les lieux que traversèrent, indifférents, les conquérants, parce que jamais ils n'eurent en vue les terres mais seulement les Indiens et les mines.

Deux villes de l'Argentine justifient ce phénomène : Rosario et Bahia Blanca qui ne comptaient pas même parmi les villages au temps de l'Indépendance et qui dépassent de beaucoup les vieilles cités antiques bâties par d'héroïques capitaines, il y a plus de trois siècles.

Tandis que la cité européenne est née et a vécu de l'agriculture, la nôtre, née de l'épée, dut créer sa réglementation économique ; à côté des Indiens qui étaient décimés, jour par jour, et des mines qui s'épuisaient, elle créa des fonctions publiques, un réseau administratif, une industrie bureaucratique : c'était bâtir la cave sans avoir de pressoir.

Dans toute l'Amérique les fonctions municipales furent vénales ! On les vend aux enchères et les exerce qui en donne le plus. Ce fait que les charges publiques s'achetaient projette une éclatante lumière sur le passé et le présent de l'Amérique.

Fonder une ville, c'est s'assurer des privilèges

dans la répartition des Indiens et le tirage au sort des concessions minières.

Ce procédé concilie les deux grands intérêts de l'entreprise : l'un, celui des chefs qui font la conquête, l'autre, celui du Trésor de la Couronne, maîtresse des mines et des Indiens : Mines et Indiens vont assurer le paiement de la besogne militaire et le profit du Souverain.

IV

Un détail matériel distingue la cité politique de la cité naturelle : la première est symétrique comme un édifice ou comme un jardin ; la seconde sinueuse comme une rivière ou embrouillée comme une forêt; l'une a été conçue d'un seul jet; l'autre a été formée par les diversités des besoins, elle est sa propre chronique, elle est vivante comme un journal intime composé sans art, mais sincère.

Juan Agustín García (1) fut un maître inoubliable qui, mieux que personne, développa le goût pour la psychologie si riche de la vie coloniale, mais lorsqu'il déclare que la conquête fut réalisée comme une vaste entreprise commerciale,

____

(1) J.-A. Garcia, premier historien argentin, sous l'influence de la « Cité Antique », écrivit la « Cité Indienne. »

il ne définit pas, par ses caractères essentiels, la
« cité hispano-indienne. » Une affaire commerciale, cela veut dire calcul, plan, froide sagacité et
prudence ingénieuse.

Ici, rien de cela : l'entreprise ne fut pas commerciale mais bien guerrière. Elle ne fut commerciale qu'autant que peut l'être la répartition
du butin, ou la partie de cartes dans le campement ; elle fut simplement héroïque.

L'affaire naquit de la force ; le reflet de l'épée
éclaire son histoire ; sans qu'on le veuille, à
chaque instant, sa chronique prend une allure
épique. Une description sommaire fournit un vrai
sujet d'épopée : « Dix soldats forcent des milliers
d'Indiens à se rendre. — Un lieutenant audacieux
fait prisonnier un empereur. — Un détachement
égaré parcourt des centaines de lieues et,
du Pacifique, il arrive à l'Atlantique ; poussés par
la faim ils dévorent tous les animaux qu'ils em-
mènent avec eux. »

Dans l'histoire de l'Amérique il y a un livre
classique ; pas celui qui contient les pragmatiques,
les instructions ou les confirmations royales, mais
celui qu'a écrit Vargas Machuca et qui a pour
titre *Milicia Indiana*.

Dans ce manuel du conquérant, les indications
sur la fondation des villes s'intercalent avec celles
qui traitent des embuscades, de l'espionnage,
choses qui sont « d'une grande utilité », comme

le proclame l'auteur, érudit et guerrier, lecteur de
Cicéron et capitaine au poing solide.

V

La soif de richesse du conquérant ne recherche pas la route aplanie mais longue du trafic
continu où l'on donne et où l'on reçoit, mais le
chemin rapide et rude du pari et du butin : quand
il ne joue pas sa vie dans le combat — souvent
corps à corps, à coups de dagues et à coups de
poings —; au bivouac, il jouera tout, jusqu'à son
épée.

En bon Espagnol, il n'apporte pas ici l'ins-
tinct de la terre, ni l'amour des produits, mais son
humeur aventureuse et oisive subit la vive influence de ces deux excitants : la mine et l'or
liquide de la sueur indienne. La terre est sans
valeur à ses yeux : de grandes étendues s'échangent contre un collet, un pourpoint, un habit de
deuil.

La cité ne commença pas, chez nous, avec la
cellule qui la forma en Europe, où elle ne fut que
la réunion de plusieurs familles. Ici, ce fut le lieu
de groupement accidentel de braves, que les ri-
valités pousseront à en venir rapidement aux
mains et qui se souilleront même du sang d'un
Francisco Pizarro.

La conquête terminée, la ville survit quand elle peut s'adapter, même avec un peu de violence, à une destinée nouvelle, ou bien elle s'étiole et meurt, si cette nouvelle adaptation, agricole ou commerciale, devient impossible. Cependant ses murs restent imprégnés de l'esprit qui lui donna la vie, telle une vieille outre dans laquelle on verse un nouveau vin. Alors commence pour elle une nouvelle étape ; dans la même structure matérielle pénètre une âme nouvelle. La ville — ce fortin de la conquête qui présida à la soumission de l'Indien — se transforme en la cité nouvelle, qui reçoit du dehors, comme un reflet, le souffle de la vie que l'ancienne propagea dans les terres voisines. Cette ville nouvelle est, elle, déjà la fille des champs.

Sarmiento (1) a pu parler de la cité-civilisation, et de la campagne-barbarie.

Une séparation aussi profonde correspond à la vérité durant la conquête : la ville était alors un corps étranger ; il n'y avait aucun lien vivant entre elle et la terre circonvoisine. Mais quand la cité américaine continue et devient un organisme vivant dans l'histoire, son destin initial terminé, c'est parce qu'elle a commencé une progression nouvelle.

A ce moment-là, la ville devient un réservoir

---

(1) Domingo Faustino Sarmiento (1811-1888), ancien président de la République Argentine et remarquable écrivain.

alimenté par les eaux vives que fait couler chez elle la campagne laborieuse.

Dans les cités du Pacifique la conception primitive conserva plus de force que le sentiment de l'adaptation à des fins nouvelles. A l'inverse, les villes de l'Atlantique sont devenues plus importantes, du point de vue moderne, qu'elles ne l'étaient du point de vue ancien. Vers le milieu du XVII* siècle, en 1658, d'après Azcarate de Biscay, Potosi était dix fois plus important que le Buenos-Aires d'alors.

Dans le pays argentin qui subit les deux influences, le contraste est frappant. Les villes nées du Pacifique, ou appuyées sur lui, ont subi une diminution ; en revanche, celles qui se sont élevées près de l'Atlantique ont acquis une grande importance.

San Miguel de Tucumán, la ville que j'habite, a une histoire suggestive.

Fondée, après avoir été détruite deux fois, en 1565, sur la pente de la montagne, comme une vigie méfiante qui surveille un pays peuplé d'Indiens sauvages, elle fut abandonnée cent vingt ans après. C'était la ville-fortin, fille du Pacifique qui avait achevé le cours de son existence. La région circonvoisine soumise, la ville put être transférée en un lieu se prêtant moins à la défense ; elle cherchait alors une situation moins guerrière : elle voulait une place au bord de la

route qui fait communiquer Buenos Aires avec
Lima.

Elle était désormais une ville fille de l'Atlantique.

VI

Fustel de Coulanges a mis tout son art et toute
sa science à nous donner, dans des pages brèves,
la vision animée de la Cité Antique. C'est le
tableau de la vie journalière de la cité, l'horaire
de ses habitants.

Nous parlons, nous, du premier siècle de
l'Amérique, celui de la conquête. Un effort pa-
reil à celui de Fustel de Coulanges est ici non
seulement difficile mais tout à fait impossible :
une journée, en effet n'est pas une mesure de
temps dans la vie du conquérant. Pour lui les
jours ne se succèdent pas comme les pages d'un
livre, mais comme les instants d'une tempête tropicale pendant lesquels l'éclair peut également
précéder la bonace ou une pluie diluvienne.

Ils vont venir, les deux siècles paisibles de la
colonie, pendant lesquels la régularité désirée lui
permettra l'effort artistique. Après l'essoufflement
de l'expédition guerrière, elle a besoin, pour retrouver le rythme normal, d'un repos séculaire,
« cette sieste coloniale » qui, mieux qu'aucun
autre sommeil justifie cette fâcheuse ressemblance

qu'il y a, d'après la description que Cervantes en a tracée, entre le sommeil et la mort.

Cependant, pour l'évocation de la cité du premier siècle, l'historien doit être doublé d'un poète ; et c'est parce qu'il réunit ces deux qualités sans doute, que Ricardo Jaimes Freyre (1) a tracé, sans intention de généraliser, un tableau admirable :

« De temps à autre, écrit-il, une multitude d'Indiens épouvantés se précipitaient dans les villes en appelant au secours. Les habitants couraient aux armes ; ils arrivaient ensuite, de tous côtés, sur la place, au galop de leurs chevaux, achevant d'ajuster leur cuirasse et leur casque. Le capitaine de guerre les attendait déjà avec quelques soldats. Il s'agissait d'une attaque inattendue des Indiens qui avaient commencé par porter la désolation et la mort dans un district ami et qui se lançaient, comme un tourbillon, sur la ville espagnole.

« Alors, réapparaissaient les héros qui étaient en train de conquérir ce continent, grâce à des prodiges de valeur qui n'ont jamais été égalés dans l'histoire. Leur nombre était si faible qu'on les distinguait à peine parmi la multitude de leurs ennemis. Les flèches pleuvaient ; repoussées par les armures, elles tombaient presque toutes par

____

(1) Écrivain bolivien, poète, diplomate, qui est encore vivant.

terre ; d'autres s'enfonçaient fortement dans les corselets, dans les casques, dans le corps des montures, hérissant monstrueusement le groupe du cheval et du cavalier.

« Les armes à feu ne tardaient pas à se taire. Alors la lance et l'épée s'enfonçaient dans d'innombrables poitrines nues. Les longs hurlements des Indiens et les cris des Espagnols remplissaient l'espace. Parfois la chute d'un cheval, percé de part en part, provoquait une clameur immense chez les barbares ; ils s'élançaient sur le soldat qui se débattait encore sous la bête moribonde ; lui arrachant ses armes et mettant son cou à nu, ils y plongeaient sa propre dague et la retournaient dans la plaie pour séparer la tête du tronc. Ensuite, avec des hurlements de joie, ils revenaient au combat.

« Les femmes, dans la ville voisine, priaient et pleuraient. De longues heures, de longs jours, se passaient sans que les guerriers revinssent. Les Indiens leur barraient tous les chemins. Il fallait combattre incessamment contre des ennemis qui se renouvelaient à chaque moment ; combattre à toute heure, dans les clairières des bois, sous la voûte des arbres, dans les marécages, dans les plaines découvertes et pierreuses, au milieu des rivières, à la lueur du soleil et dans l'obscurité de la nuit dont la fin était plus redoutable encore ; se battre, altérés, affamés, défigurés par la poussière, la sueur et le sang ; se battre quand on ne pouvait plus remuer les bras ni lever les pieds ; se battre jusqu'à ce que les barbares, entourés de monceaux de cadavres, trébuchant dans des flaques de sang, reculassent devant l'indomptable valeur et l'obstination sans limite de ces extraordinaires soldats.

« Alors ces guerriers revenaient dans leur ville, blessés, épuisés de fatigue. Ils avaient, durant cette expédition, placé une nouvelle cuirasse sur leur cœur, dans lequel désormais ne savaient plus s'introduire la compassion, ni la tolérance : comme les flèches des barbares en heurtant le fer, elles retombaient à leurs pieds. »

Dans ce tableau où se mêlent l'acier et le sang, il n'y a pas une figure, pas une ombre pacifique : cependant elles ont existé dans la réalité qui revit. La première figure pourrait être celle du père Alonso de Barzana, dans les régions du Pérou, et encore celle de Zumárraga ou de Ramírez Fuenleal dans le pays de México : ces hommes interposèrent, entre les épées dégaînées et les poitrines des Indiens, une légère main désarmée et invincible.

L'ombre est celle d'un petit clocher, dans lequel une clochette fait entendre un appel désespéré à ce qui était resté d'humain chez ces centaures après le combat.

CHAPITRE XII

L'ANTI-CONQUISTADOR:
LE PÈRE BARTOLOMÉ DE LAS CASAS.

1

Le « Protecteur Général des Indes », le père
Bartolomé de las Casas, n'appartient pas à la
famille mystique de Saint François ou de Saint
Jean de la Croix, mais à celle de Saint Thomas
d'Aquin et de Saint Dominique. Cela veut dire
que c'était un philosophe et un homme d'action,
un théologien et un politique.

Mystiques sont ces êtres étranges, doux et silencieux, qui s'élèvent jusqu'à Dieu à la lumière
ineffable de la contemplation.

La tendresse du père Bartolomé pour les esclaves d'Amérique, ne provenait pas d'une influence sentimentale, d'un débordement d'amour
pour « le frère indien ; c'était chez lui l'application d'un concept théologique, la loyauté envers
le dogme chrétien expliqué par les textes sacrés.

Pour comprendre mieux la situation, disons d'avance qu'il ne fut pas seul dans ce formidable réquisitoire qui, pendant soixante ans, tonna en Amérique et devant le Conseil des Indes. Si sa voix est la seule à résonner encore, c'est qu'elle fut la plus ardente et la plus apostolique. D'innombrables religieux et civils furent de son parti : le père Montesinos ; Pedro de Rentería ; le père Pedro de Angulo ; le père Tomás Casilla ; l'évêque de Popayan, Juan Valle ; celui de Charcas, Matías de San Martín; le bachelier Sanchez ; les licenciés Quiroga y Marraquino et Antonio Valdivieso.

L'adversaire contre lequel le père Bartolomé se dressa et dirigea sa croisade était formidable. Les excès reprochés à son action peuvent s'expliquer par le pouvoir de l'ennemi qu'il défiait : c'était le commandeur américain, c'est à dire l'usufruitier de la société nouvelle.

« Mais que peut être sans Indiens l'entreprise des Indes ? » se demandaient les jurisconsultes et les conseillers de la Couronne. Si l'on n'assujettit par les Indiens à l'esclavage, mieux vaut abandonner la conquête ! Comment y aura-t-il des colons sans commanderies ? Et sans colons comment subsisteraient ces profits et ce prélévement du cinquième si nécessaire à la Couronne ?

Donc nous comprenons bien la résistance, la contrariété, la fureur qu'excita la prédication de

las Casas; la légion de contradicteurs qui surgirent devant lui et qui essayèrent de le battre sur
son propre terrain, celui de la doctrine, et aussi
le jugement des historiens, qui le traitent d'esprit
chimérique et visionnaire.

Elle n'est pas cependant aussi simple que cela,
la psychologie de ce personnage.

On ne saurait admettre que ce soit seulement
une ambition, puérile à force d'illogisme et d'illusions, qui a donné tant de répercussion à ses paroles et de relief à son œuvre.

Tout d'abord il y a dans sa voix un accent particulier qui évoque le souvenir des grands apôtres.

Quant on lit ses réclamations, formulées au
nom de Dieu et de l'humanité, contre la cupidité des commandeurs et contre l'esclavage des
Indiens, l'esprit se figure entendre les impréca-
tions de Tertullien, les colères furibondes de
Saint Jérôme, ou les prophéties de Saint Augustin, au sujet des persécutions contre les chrétiens.
Il est nécessaire de se ressaisir vivement pour
comprendre que ce sont-là les fulminations d'un
apôtre chrétien, non plus contre les païens ou les
gentils, mais contre les évangélisateurs eux-
mêmes de l'Amérique. Lisons quelques-unes de
ses lignes terribles : « Ces gens-là sont vêtus de
soie. et non seulement eux mais encore leurs
mules, et nous pensons que si l'on tordait cette
soie il en coulerait du sang indien. »

On ne saurait attendre d'hommes de cette espèce qu'ils se bornent à parler au nom de la prolixe vérité historique.

Certes il est facile de leur lancer le reproche d'avoir grossi tel ou tel chiffre, dénaturé tel ou tel fait.

Comme conséquence forcée de leur nature et de leur vocation, leurs yeux *démesurent* la réalité.

Ils ne nous donnent pas la vérité historique mais une vérité que nous pourrions appeler prophétique.

II

Examinons le père Bartolomé de deux points de vue, pour préciser la variété de son caractère.

Comme humaniste et théologien, sa doctrine consistait à soutenir le droit naturel des Indiens à la liberté, et l'iniquité de leur destruction.

Leur condition de païens et d'idolâtres ne diminuait en rien la portée intégrale de la thèse.

Au commencement de sa carrière, il avait eu le cœur embrasé par ces paroles du chapitre 34 de l'Ecclésiaste : « Celui qui enlève à un homme le pain qu'il a gagné à la sueur de son front ressemble à celui qui tue son prochain : celui qui verse le sang humain et celui qui dépouille le travailleur sont frères. »

Ses proclamations portaient toujours que les commandeurs étaient les plus grands voleurs du monde et les plus coupables des infidèles, puisqu'ils invoquaient la prédication du Christ pour commettre leur horrible crime.

La théorie était donc très simple et d'une orthodoxie exemplaire. Mais nous ne devons pas nous étonner qu'on ait vu en lui comme un révolutionnaire, si nous envisageons qu'une école nombreuse soutenait que l'Indien n'avait pas d'âme et n'était pas créature humaine et que l'esclavage était une institution juste.

Le rétablissement de la vérité chrétienne, si fallacieusement méconnue, fut l'œuvre de las Casas.

Dans son « Traité des trente propositions » je trouve les paroles qui expriment sa théorie de la façon la plus synthétique (propositions 22, 23 et 25).

«Les rois de Castille, dit-il dans la première des trois, sont obligés à faire prêcher la foi du Christ dans la forme qu'a établie le Fils de Dieu, c'est à dire pacifique, douce, charitable, avec bonté et humilité, en donnant le bon exemple, en prenant soin des infidèles, et surtout des Indiens, qui par nature sont très doux et très humbles, et il faut leur apporter des dons au lieu d'en accepter d'eux. Alors ils considéreront comme bon et juste le Dieu des chrétiens, et ils voudront par suite être de ses fidèles et recevoir sa foi et sa doctrine. *Suadenda non imponenda.*

« Les traiter par les procédés de la guerre, énonce la proposition 23, c'est là la manière de Mahomet, celle qu'emploient aujourd'hui les Turcs et les Mores ; tyrannie très injuste, qui déshonorerait le nom du Christ. »

Les appels à la fraternité et à la charité, vertus éclipsées durant la conquête, trouvèrent en las Casas un champion inoubliable.

Si cette voix ne s'était pas élevée, on ne verrait pas quelle est la différence qui sépare la conquête de l'Amérique et celles que connut l'histoire ancienne et qui recherchaient le maximum du butin au moyen d'une extermination absolue.

En Amérique, il est un moment historique pendant lequel, seule, cette voix nous rappelle qu'une vérité nouvelle succéda aux temps de Nabuchodonosor ou d'Alexandre, ignorée de Tamerlan, mais entrée dans la conscience humaine depuis près de vingt siècles.

III

Cependant le caractère le plus vivant de la personnalité de las Casas se dégage de ses vues de philosophe politique.

Les objets de sa prédication peuvent se résumer ainsi :

1° La conquête de l'Amérique ne doit pas être belliqueuse mais pacifique.

2° La conquête pacifique s'impose, non seulement pour parvenir à christianiser le pays, mais aussi à cause des propres convenances matérielles de la Couronne.

3° On devrait envoyer en Amérique, non pas des soldats, mais des agriculteurs, des familles et non pas seulement des hommes.

4° Il faut grouper les Indiens en communautés, les établir dans des lieux déterminés de façon stable pour activer leur civilisation et leur conversion.

« Je vous le dis et je vous en supplie, écrivait-il au Conseil des Indes : pour améliorer la situation aux Indes, on doit y envoyer des agriculteurs, des gens simples, qui trouveront à se nourrir et seront riches et dans l'abondance avec un peu de travail; il ne faut pas dire que bientôt ils deviendront oisifs et gentilshommes (1). »

Les Espagnols « depuis qu'on a eu le malheur de découvrir les Indes, ont nui à leurs propres intérêts matériels et à leurs âmes (2). » Cela voulait dire que le système de la conquête était mauvais matériellement et moralement.

Le père Bartolomé demandait l'envoi de familles d'agriculteurs, la création de primes pour

---

(1) *Documentos de Indias* T. VII. p. 171.
(2) *Ibidem*, pp. 296 et 301.

la production du sucre de canne, de la soie et des épices de toute sorte « que l'on cultive à merveille » dans les Terres Nouvelles.

Il alla même plus loin et projeta un véritable code du travail pour arriver à deux fins essentielles : la première, spirituelle, la conversion des Indiens en leur démontrant la supériorité de l'activité des Chrétiens ; la seconde, l'enrichissement des Indiens et de la Couronne.

Ce deuxième point de vue était absolument nouveau : Il conseillait la détermination des époques du travail dans les mines, leur alternance avec la culture des terres ; l'âge auquel on serait autorisé à travailler aux mines, les conditions d'habitation et de nourriture ; le travail des femmes, des mères et des enfants (1).

Les deux entreprises, à la tête desquelles il se plaça comme un capitaine, prouvent la foi avec laquelle il soutenait ses plans : la catéchisation de Tuzulutlan (2), la colonisation de la côte de de Paria à Santa Marta (3).

Le procédé pacifique réussit à Tuzulutlan. Le plan de la colonisation des trois cents lieues de côte consistait à empêcher la venue des Espagnols, à l'exception des familles d'agriculteurs

---

(1) *Ibidem*, p. 14.
(2) *Tuzulutlan*, en Guatémala.
(3) Cette longue ligne côtière de Santa Marta à Paria, comprend le Nord-Est de la Colombie et presque tout le Nord du Vénézuéla.

qui serviraient à fonder la colonie. L'entreprise échoua. Les ennemis du père Bartolomé trouvèrent là le meilleur argument à lui opposer et une belle occasion pour leurs railleries :

Limité à la valeur de sa doctrine, le mérite personnel de las Casas aurait été celui d'un disciple de Luis Vivés et des autres réformateurs de la philosophie du Moyen-Age.

Mais il fut beaucoup plus obstiné et audacieux, car il voulait arriver aux conséquences extrêmes de l'application de la théorie et de la réalité. Il suffit pour le prouver de ses « Avis et Instructions aux confesseurs. » Il voulait que les confesseurs ne fussent pas simplement les conseillers des consciences, mais les instruments actifs d'une révolution sociale. Ils devaient imposer aux conquérants, qui voudraient se confesser, la libération des Indiens à eux attribués en commanderies, et la restitution de tous les biens acquis par eux en Amérique, pour réparer les spoliations dont était victime le travail esclave.

Ce n'était ni un mystique ni un théologien de cabinet, nous l'avons déjà dit, mais un lutteur, un paladin, un véritable héros de l'action.

Appelons-le donc *l'anti-conquistador* », cet homme de la même race et de la même origine que ceux qu'il combattait, bien qu'il fût conduit, lui, par des mobiles qui l'élèvent au-dessus des Espagnols de son siècle en Amérique. C'est

Cortés, Pizarro, Alvarado, mettant au service de la cause de la liberté le même esprit indomptable avec lequel les autres détruisirent des empires et subjuguèrent des peuples.

Il agita la Cour, eut des altercations avec des courtisans puissants, scandalisa ceux qui s'accommodaient bien de l'esclavage des Indiens ; il excommunia, guerroya, infatigable dans ses courses et ses protestations. Devant Charles-Quint lui-même, il discuta contre l'évêque de Darien; il harcela le Cardinal Cisneros et les ministres flamands jusqu'à ce qu'il leur eût arraché des mesures protectrices ; il provoqua des assemblées de théologiens et obtint les ordonnances nouvelles qui dérogeaient au service personnel des Indiens. Il se fit colon pour mettre ses plans en pratique et, malgré l'amertume de ses échecs, il conserva toujours l'ardeur enflammée de sa prédication.

IV

Nous savons que les généreuses initiatives de las Casas furent trompées par l'intérêt contraire des commandeurs, par les exigences fiscales ou l'indifférence de la Cour. Rien ne resta debout de tous ses efforts et de tous ses règlements, mais nous pouvons nous figurer combien aurait été différent le résultat de la colonisation si son action et son exemple avaient connu le succès.

Ses idées sont celles d'un réformateur actuel ; aussi, en ce sens là, pouvons-nous affirmer qu'il ne fut pas seulement le défenseur de la liberté dans les Indes mais encore un génie politique.

Comme tous les idéologues, il dut faire céder la rigueur de ses conceptions philosophiques et consentir à des transactions nécessaires pour enraciner ses réformes.

Telle est l'origine de l'idée qu'il eut de recourir à l'importation des nègres, qu'il ne fut pas le premier à suggérer et à laquelle il renonça ensuite dans son Histoire des Indes. Il donna lui-même une formule générale applicable à ceux qui aspirent à réaliser une violente transaction sociale: «J'ai acheté le Christ, — disait-il dans un de ses traités — et comme on ne me le donnait pas pour rien, j'ai dû l'acheter. »

A notre époque nous avons vu Wilson acheter, lui aussi, le Christ et transiger avec l'entêtement farouche des passions, pour voir vivre au moins une partie de son rêve humanitaire.

Les détracteurs du père Bartolomé n'ont pas encore terminé leur tâche. Il y en eut d'innombrables : D'abord Panfilo de Narvaez dont il défia la brutalité ; au Nicaragua, Rodrigo de Contreras qui ordonna d'intenter des poursuites contre lui : « qui est un homme agité, prêchant plutôt des passions que la parole de Dieu » ; le doyen Gil de Quintana qui recourut à l'épée pour se défendre contre l'interdit que, en sa qualité d'évêque, las Casas avait prononcé contre lui ; Alonso de Maldonado, qui l'expulsa de l'audience de Gracias a Dios (1), en le qualifiant de : vaurien, fou, mauvais moine » ; le père Toribio de Montolinia, le plus ardent adversaire de l'apôtre, qu'il appelle : « homme insupportable, inquiet, turbulent, processif, n'ayant du religieux que l'habit, qui a toujours l'injure à la bouche. » Aujourd'hui, on parle encore de son humeur fantasque, de sa sentimentalité maladive.

Le père Bartolomé de las Casas nous apparaît cependant encore comme la conscience la plus haute de l'histoire de la conquête. Par son éloquence enflammée dans ses réclamations héroïques contre l'esclavage des Indiens, par son défi jeté à toutes les influences qui l'invitent à se taire ou à se modérer, par sa science profonde, son apostolat exemplaire, il peut entrer dans la famille restreinte des hommes qui consumèrent leur vie à la flamme des grandes passions rédemptrices.

Quel aurait été le sort de l'Amérique si avaient prévalu les prédications et les plans du père Bartolomé de las Casas ?

____

(1) Ville du Honduras, au pied des monts Opalaca.

Etaient-ils, ses plans, tellement fantaisistes qu'ils n'auraient pas pu prendre racine et régir la vie des Colonies ? Ne sont-ce pas, peut être, ses suggestions qui ont guidé la politique coloniale des autres peuples ?

La christianisation de l'Amérique aurait-elle été réelle, la conquête aurait-elle perdu son caractère essentiellement militaire et la politique fiscale aurait-elle reposé sur l'agriculture et non plus sur les mines et le protectionnisme commercial ?

<h2 style="text-align:center">V</h2>

La supposition facile de « ce qui aurait pu être » est une tentation à commettre la faute la plus grave de l'historien : mêler la réalité avec la fiction. Mais nous ne pouvons pas, non plus, nous abandonner au réalisme résigné qui estime que ce qui est arrivé était l'unique résultat possible, en oubliant que les « héros » dirigent d'une manière variable, mais certaine, le cours de la vie sociale.

Pouvons-nous dire, parce que pratiquement il a échoué, que le père Bartolomé de las Casas constitue une figure attachante mais inutile dans l'histoire de l'Amérique ?

Si « la destinée manifeste » du Nouveau-Monde

est de réaliser la concorde entre les hommes, nous chercherons vainement une inspiration capable d'avoir voué notre pays à cet idéal, en dehors de l'apôtre qui, lors de nos plus lointaines origines, se livra à ces prédications avec un zèle incomparable.

Ce n'est pas le *conquistador* qui représente la gloire spirituelle de l'Amérique, mais c'est l'*anti-conquistador* qui, vaincu et accablé, a proclamé ce qui, avec le cours des siècles, finirait par être le verbe du Nouveau Monde.

Admirons la beauté épique du conquérant, excusons sa brutalité en songeant à l'époque et à l'œuvre, mais ne nous enorgueillissons pas de lui. L'idéal de l'Amérique consiste à remplir la mission annoncée depuis quatre siècles mais inaccomplie : celle de réaliser plus complètement la fraternité humaine.

Voilà comment, dans un nouveau sens plus profond, le père Bartolomé arriverait à être l'apôtre des Indes. Dans la vaste suite de *génies* qui représentent le XVIe siècle, l'Amérique peut reconnaître, en Bartolomé de las Casas, son prophétique précurseur, son héros symbolique, l'inspirateur de sa vocation humanitaire (1).

---

(1) A la fin de cette traduction, je me fais un devoir de remercier publiquement M. Louis Dubois, professeur honoraire de l'Université, d'avoir bien voulu apporter son très utile concours à un travail de révision approfondie du manuscrit. X. de C.

APPENDICE

Introduction

La source documentaire de ce livre se trouve,
surtout en ce qui concerne le Nord de l'Empire Espagnol, dans la collection des *Documents inédits relatifs à la découverte, à la conquête et à l'organisation
des anciennes possessions espagnoles en Amérique
et en Océanie* ; pour le Sud, dans la collection publiée par le Congrès Argentin sous la très méritoire
direction de don Robert Levillier. Nous avons eu
aussi recours aux chroniqueurs primitifs, spécialement
à Bernal Díaz del Castillo, Cieza de León, Alvar
Núñez, Diego Fernández el Palentino, Agustín de
Zárate, le Père Bartolomé de las Casas, le Père
Reginaldo de Lizárraga.

Nous connaissons les livres modernes, pleins de
qualités, mais nous avons préféré les faits, sans recourir pour former nos idées à celles des autres.

On ne doit pas oublier que cet ouvrage se réfère
exclusivement au XVIe siècle, et pas même entier.

En l'appuyant sur des testaments et sur des procès
judiciaires criminels, il est possible d'écrire la chronique la plus fidèle de la vie au XVIe siècle.

Rien ne semble nous rapprocher d'un passé autant
que les détails matériels du courant de la vie. L'inventaire des vêtements, des armes, des objets, des
papiers de Rodrigo de Bastidas, ou encore des livres
de Diego Méndez, nous aide avec une lumière éton-
nante à entrevoir, dans leur intimité prosaïque et
ardente, la vie de ces héros.

Une liste des délits qui provoquèrent des poursuites est un inventaire moral de la société. On peut
en voir un dans la collection Levillier. (*Audiencia de
Charcas.* T. III, page 333).

CHAPITRE I

La discussion au sujet de la nationalité de Colomb
a été résumée avec conscience et ponctualité par don
Rómulo D. Carbía, dans son livre, édité par la
Faculté de Philosophie et des Lettres de Buenos
Aires, sous le titre : *La Patria de Colón*.

Bien que le critique proclame justement que, dans
l'état actuel des recherches, on ne peut pas se prononcer d'une manière absolue au sujet de la thèse
espagnole, il paraît évident que la thèse contraire
présente des arguments de plus grand poids. Nous
croyons que, pour la solution de ce procès, la preuve
psychologique possède quelque force : Colomb présente tous les caractères d'un Italien de son siècle,
et de même, avant son mysticisme final, il est dépourvu
de toutes les caractéristiques espagnoles. Le livre de
Humboldt, qui jusqu'à présent nous paraît le plus
substantiel sur le sujet de la personnalité morale de
l'auteur de la découverte, révèle clairement une âme
italienne ; nous n'avons pas besoin de nous référer
au portrait physique qui confirme la chose : « figure
longue, avec des taches de rousseur, les cheveux

roux » comme le dit Gomara ; « *sub flava cœ-saries* » d'après la description de Benzoni, cité par Humboldt (1).

Quant à la thèse de l'origine italienne, il convient de lire l'argumentation d'Angel Altolaguirre, fondée sur l'authenticité du testament dans lequel l'auteur de la découverte se déclare Italien (2).

En ce qui est des caractères opposés des Espagnols et des Italiens, on peut voir, comment ils furent observés par les écrivains du XVI° siècle, dans le livre de Benedetto Croce : *La Spagna nella vita italiana durante la Rinascenza.*

Pour les écrivains espagnols et italiens, l'Espagne était le pays des actes chevaleresques et l'Italie celui des Lettres. L'Espagnol Gauberte disait, en parlant de ses compatriotes : « Les gens d'ici restent fort étrangers à ces misérables choses : les gains, les intérêts, le négoce, car ici on donne comme en Italie on vend ; tout le monde ici s'intéresse aux questions chevaleresques, aux points d'honneur et non pas aux métiers manuels. »

Pour Galateo, italien, les Espagnols avaient enseigné à ses compatriotes des choses dignes d'êtres barbares, libidineux et cruels.

Au Grand Capitaine, on attribuait le dicton : « A l'Espagne les armes, à l'Italie la plume. »

---

(1) *El descubrimiento de América*, T. II, p. 212.
(2) *Boletín de la Real Academia de la Historia*, Madrid, 1925.

—*Información de servicios de descubridores de
Tucumán*. Collection Levillier (2 vol.).

Des soldats peuvent servir d'exemple pour montrer
le caractère aventureux, héroïque de la conquête.
Quelques uns ont parcouru l'Amérique entière :
Hernando Soto, compagnon de Pizarro et conquérant du Mississipi, provoque une admiration particulière. Parmi les conquérants de second rang, l'un,
celui qui a découvert le Tucumán, Diego de Rojas,
a guerroyé dans la Nouvelle Espagne, le Panamá,
le Pérou et le Tucumán. Quelques uns de ses soldats,
tel Hernan Mexía de Miraval, ont travaillé à la
fondation de dizaines de cités. Gonzalo de Prado a
couru à travers tout le Pérou, de Trujillo jusqu'au
fort de Gaboto et, au Pérou, il a assisté à toutes les
batailles.

—*Los Franciscanos y Colón*, por Doña Emilia
Pardo Bazán.

Le sentiment italien que *il mondo e poco*, le monde
est petit, doña Emilia Pardo Bazán le rencontre chez
Saint François d'Assise : « Ce qu'éprouva Saint
François, ce fut une envie irrésistible et étrange de
sortir d'Europe et d'arriver jusqu'aux derniers con-
fins de la terre habitée par le genre humain, aux
régions les plus reculées et les plus inconnues de
l'Asie et de l'Afrique. Cette Afrique où avait eu
son aire, cet aigle, Augustin, et où d'une église flo-
rissante il ne restait que des ruines. En ce temps-là
les pays mahométans constituaient une menace pour

la civilisation chrétienne et ils formaient un champ
d'épines et de ronces que Saint François voulait fer-
tiliser avec son sang. Le Saint monta sur le premier
navire qui mettait à la voile pour la Syrie. Une tempête déchaînée jeta l'embarcation sur les tristes
côtes de l'Esclavonie. Le bateau retenu ensuite à
Ancone pour y faire réparer sa carène, le missionnaire, non découragé par ces premiers insuccès, ré-
solut de passer en Afrique en traversant l'Espagne.
Quoique ses intentions aient été déjouées par la
maladie qui s'empara de son corps exténué, déjà la
route des Hespérides était signalée aux frères mineurs.
A la troisième tentative, le projet de Saint François
réussit : les chroniqueurs le montrent prêchant devant
le Soudan d'Egypte et mettant les Ulemas au défi
de traverser un bûcher enflammé dont le feu respec-
terait le porteur de l'Evangile. »

— Il n'est pas établi que des prêtres aient participé
au premier voyage de Colomb.

—*Relaciones y carta de Colón.*

« Je voyage au nom de la Sainte Trinité et
j'attends d'elle la victoire. » (p. 375).

Ce qui le préoccupait surtout c'était le salut des
âmes des Indiens (p. 330).

— *Renaissance*, E. Ghebart.

Histoire de France, Michelet.

Histoire des Républiques Italiennes, S. de
Sismondi.

Historia del Comercio, Boccardo.

Storie, Machiavel.

Renacimiento, Orti y Brúll.

La Renaissance, H. Chamart.

Historia de España, R. Altamira.

Historia del intelecto español, Buckle.

Historia de España, Lafuente.

Conferencias en el Cuarto Centenario del descubrimiento de América.

Raccolta de documenti sull la scoperta d'América.

El descubrimiento de América, Humboldt.

Relaciones y cartas, C. Colón.

La civilisation en Italie dans les temps de la Renaissance, Burckhardt.

Españoles Célebres, Quintana.

El descubrimiento de América en la Historia de Europa, J.B. Terán.

Ce livre a précédé logiquement *El Nacimiento de la América Española.*

CHAPITRE II

El Segoviano Rodrigo de Contreras, par le Marquis de Lozaya.

« Des hommes d'une nature énergique, qui étaient droits et nobles sur leurs arides et froids plateaux, perdaient leur sang-froid transplantés dans un pays ardent et inconnu et ils s'enivraient de sang et d'or.» (p. 16).

Gobernantes del Perú.

« Des Espagnols devenus barbares... » dit le vice-roi de Toledo. (T. IV, p. 88).

Le licencié Castro, successeur du Comte de Nieva, mit deux mois et demi pour aller de Panama à Lima. (*Ibidem*. T. III, p. 15).

— *La gran Florida*, Juan Ocampo.

La tropicalisación de Antoñico (p. 83).

— *Conquista de México*, Bernal Díaz del Castillo. (Chap. XXVII, XXIX).

— *Naufragios*, Alvar Núñez.

« Nous vécûmes tout le temps nus comme les Indiens, et la nuit nous nous couvrions avec des peaux de cerfs... » (Chap. XIV à XXII).

— *Sitios de la Cordillera. Cuadros de la Naturaleza. Ensayo sobre la Nueva España*, Humboldt. (T. I, pp. 87 et suivantes).

— *Warren Hastings*, Macaulay.

— *Relaciones históricas. (Bibliófilos Españoles). Relato de Maese Juan* (p. 16).

— Sur l'âge des conquérants, voir -J. Toribio Medina, au sujet de Villagrán, conquérant du Tucumán. — Vargas Machuca, né en 1555, arriva âgé d'environ 25 ans et il passa 20 années en Amérique.

— *Tradiciones Peruanas*, R. Palma. (T. I, p. 124).

— *Geografía dell uomo*, Ratzel.

Influence du climat tropical.

Les hommes du Nord et du Sud. L'influence du climat est beaucoup plus grande quand on passe de la zone tempérée à la zone torride que lorsqu'on agit en sens inverse. Le premier cas fut celui du conquérant de l'Amérique.

CHAPITRE III

Le *Mudéjar* était l'Arabe qui, parmi les chrétiens, restait fidèle à sa religion.

Le *Mozárabe* était le chrétien qui vivait mêlé aux Arabes.

On appelait *Marrano* l'Arabe faussement converti au christianisme.

Toutes ces caractéristiques d'Espagne se reproduisirent dans l'Amérique de la conquête à des degrés différents (1).

— *Conquistadores de Chile*.

Au Chili, pendant les premières années de la conquête, d'après T. Thayer Ojeda, il n'y eut pas d'autres Espagnoles qu'Inés Suárez et Catalina Díaz. Les autres femmes citées dans les chroniques étaient des métisses : Agueda Flores, Isabel Quiroga, Isabel García, Catalina de Cáceres, Leonor Godinez. (Hist. Ch. 3).

-----

(1) *Muladi* : chrétien espagnol qui, sous la domination arabe, embrassait l'islamisme. — Mulâtre ou *mulato* : fils de négresse et de blanc ou réciproquement. — Métis ou *mestizo* : fils d'Indienne et de blanc ou réciproquement. *Zambo* : fils d'Indienne et de nègre ou réciproquement.

Environ un siècle et demi plus tard, en 1735, dans la *Relación histórica* de Juan y Ulloa, on rapporte que les enfants créoles étaient confiés à des gouvernantes indiennes. (T. I, p. 3,77).

— *Documentos inéditos de Indias.*

Les concubines de Conchillos. (T. I, p. 258). — Le concubinage favorisé. (T. I, p. 505). — Les mariages clandestins. (*Ibid.* p. 528).—Les nombreuses métisses, filles de conquérants laissées à l'abandon. Rapport du vice-roi Marquis de Cañete. (T. IV, p. 105).

— Recensement de femmes. (T. IX, p.p. 91, 123, 143, 153, 175, 202, 3,56, 337, 424).

— La corruption produite par le contact avec l'Indienne. (T. X, p. 454).

— Les quatre manières de se servir des Indiennes (T. XII, p. 93).

— La dénonciation d'orgies d'auditeurs faite par l'évêque Zumárraga (1531). (T. XIII, p.p. 133, 175, 502).

— Le fils de Pizarro et d'une Indienne. (T. XVIII, p. 7).

— *Orígenes de la dominación española*, M. Serrano Sanz.

Instructions à Pedrarias Dávila ; la défense des femmes des Indiens. (p. 287).

— *Historia verdadera de la Conquista de la Nueva España*, Bernal Díaz del Castillo.

Dans le chapitre CCV de sa célèbre chronique, il énumère les 550 compagnons d'armes de la conquête (il était du nombre) désignant les épouses espagnoles et indiennes. (Voir Chap. XXVII à XXIX).

Dans les quelques mots qu'il a consacrés à chaque soldat, on relève parfois un portrait ou un croquis : « Francisco Salcedo, vu les soins qu'il donnait à sa personne, nous l'appelions le « galant ». Pedro Solís, on l'appelait « derrière la porte » à cause de sa tendance à écouter sans être vu. Un autre était qualifié « Juan le Guindé » vu sa présomption ; Tarifa « l'homme aux services » parce qu'ils étaient nombreux, d'après lui, et qu'on ne lui donnait rien ; Tarifa « aux mains blanches » car il n'était bon ni pour la guerre ni pour un travail quelconque, mais seulement pour parler de ce qui lui était arrivé à Séville ; Pedro de Ircio « petit pas » parlait beaucoup de ce qui lui était arrivé et de ce qu'il avait fait en Castille, or, d'après sa propre personne et par ce que nous voyions et connaissions de lui, il n'était bon à rien...»

Dans ce même chapitre, on peut compter les femmes blanches. Voici les noms dont se souvient Bernal Diaz : Isabel de Ojeda, Francisca Valtierra ; la femme de Yañez de Córdoba ; María del Rincón ; Catalina Marquez ; une vieille portugaise ; Catalina Muñoz ; Elvira López la Larga ; la Medina.

Bernal Diaz raconte qu'on disait du soldat Alvaro,

originaire de Palos, qu'en trois ans il eut trente enfants, tous de mères indiennes.

Ce même chroniqueur cite comme mères des enfants de Cortés : Doña Marina ; N. de Hermosilla ; N. Pizarro, indienne; une Indienne mexicaine. (Ch. CCIV, CCV).

On peut ajouter à cette liste Catalina Suarez et María de Zúñiga, marquise del Valle. Doña Marina, mère du fils aîné de Cortés, fut depuis l'épouse de Juan Jaramillo, et plus tard celle du trésorier Alonso Destrada.

La femme castillane, qui accompagna son mari, dut s'imprégner de la force d'âme nécessaire pour supporter le poids de l'entreprise. Il y en eut d'énergiques, d'intrépides : Inés Suárez, femme de Valdivia, fut une guerrière ; celle de Rodrigo de Contreras remplaça son époux comme gouverneur du Nicaragua. Rappelons Inés Muñoz et María Escobar, qui importèrent le froment et l'olivier au Pérou. Beatrix de la Cueva se fit proclamer gouverneur du Guatemala en remplacement de Pedro Alvarado, son mari.

— *Documentos inéditos de Indias.* Dans le procès secret qu'intenta Ponce de León à Cortés, les témoins parlent de sa nombreuse famille indienne. (T. XXVI, p. 380 et suivantes).

— *Crónica,* Le Père Reginaldo de Lizárraga. (Edition Ricardo Rojas. T. I, p. 307).

— *Guerras civiles del Perú,* Gutiérrez de Santa

Clara. (T. I, note, page XXXIV ; p.p. 60, 81, 101 ; T. II, p.p. 324, 471).

— *Crónica del Perú*, Agustín de Zárate. (p.p. 498, 533).

— *Relaciones geográficas*, G. Latorre. Proportion des mariages. (p. 176).

— *Tratados*, Calvo.

Les cédules déterminaient le nombre de personnes qui pouvaient s'embarquer dans chaque expédition. Elles devaient être au nombre de 330, réparties entre : 40 écuyers (1) ; 100 soldats d'infanterie ; 30 marins ; 30 mousses ; 20 laveurs d'or ; 50 cultivateurs ; 20 artisans de tous métiers; 30 femmes. (T. I, p. 109).

— C'est une circonstance fort importante, insuffisamment indiquée par le texte, que la participation du sang indien au moment de la formation de la famille américaine. Cette influence est d'autant plus profonde qu'elle remonte plus haut : ainsi les sels dissous dans la source même d'une grande rivière se reconnaissent parmi ses eaux.

— *Relación de Alvar Núnez Cabeza de Vaca* (2). Les Espagnols vivaient en concubinage avec 30, 40 et 50 femmes. » (43 et 61).

— *Colección de libros referentes a América. Descripción de Panamá.*

------

(1) *Escuderos*: gentilshommes.

(2) *Cabeza de Vaca* était un glorieux surnom donné à un de ses ancêtres sur un champ de bataille et conservé avec orgueil dans la famille.

Il s'agit d'un rapport fait par l'audience de cette ville, en 1607. Le recensement, relevé cette année-là, d'une des villes les plus importantes du siècle précédent contient des faits très suggestifs. Habitants espagnols de la ville: 495. Etrangers : 53.

Parmi les 495 Espagnols, il en est 168 qui ne sont pas mariés avec des Indiennes, des mulâtresses, des négresses ou des métisses. Sur 17 quarteronnes, 10 sont mariées avec des blancs. Les esclaves nègres sont au nombre de 3.721. (T. VIII, p. 167).

— *Vida intelectual de la América Española*, V. G. Quesada.

Sur l'instruction de la femme autrefois, cet auteur a réuni de nombreux renseignements. L'école pour les filles fondée par l'évêque Zumárraga disparut dix ans après sa création. (Ch. 2).

— *Gobernantes del Perú*, Collection Levillier.

Les Pizarro eurent des enfants métis. Francisco en eut un d'une Indienne qui se maria depuis avec Betanzos. Juan et Gonzalo laissèrent deux filles métisses. Gonzalo eut un fils qui « passe pour avoir de mauvaises mœurs. » (T. I, p. 125).

— *Relaciones geográficas*, Germán Latorre.

Le nombre des blancs, des Indiens, des métis, des mulâtres, dans la Nouvelle Espagne, au XVI° siècle. (p.p. 98, 112).

—*Bolívar pintado por sí mismo*.

Bolívar, le « *libertador* », disait ; « Nous sommes

un mélange d'Amérique et d'Afrique plutôt qu'une émanation d'Europe. » (T. I, p. 116).

— *Gobernantes del Perú.*

Faisant exception aux lois d'Espagne, un décret royal légitima Gonzalo et Francisco, fils naturels de Francisco Pizarro. (T. II, p. 57).

En 1573, le vice-roi Toledo conseille d'apporter des remèdes au mal suivant : « Vu la grande liberté qu'ont prise les Espagnols en se donnant des Indiennes comme maîtresses, certains en remplissent tellement leurs maisons, que les Indiens déclarent que leurs ancêtres n'en avaient pas autant. » (*Ibid.* T. V, p. 338).

CHAPITRE IV

· — *Vida del Segoviano Rodrigo de Contreras,* Marquis de Lozaya.

Rodrigo de Contreras, l'ennemi de las Casas, était le gendre de Pedrarias. On l'accusait d'avoir distribué, parmi les membres de sa famille, une grande partie des commanderies du Nicaragua ; il eut l'idée de faire communiquer la mer du Nord (1) et le Pacifique au moyen du Rio San Juan et du lac de Desaguaderos qu'il explora. C'était là le projet qu'aujourd'hui les Etats-Unis se proposent de réaliser ; ils ont signé, dans cette intention, avec le Nicaragua, un traité qui les autorise à effectuer cette entreprise. L'intérêt de cette grande affaire est un mobile important de l'intervention des Etats-Unis dans la vie intérieure de ce petit pays de l'Amérique centrale. (p. 33).

— *Descripción de Indías,* López de Velazco. (Année 1574. Edition 1894).

---

(1) La mer du Nord est située entre les Antilles et la côte nord de l'Amérique du Sud.

Le revenu de la terre le plus sur et le plus appré-
cié, ce sont les tributs payés et la répartition des
Indiens.

— *Política Indiana*, Solórzano.

Cet ouvrage définit la commanderie avec une précision juridique. Son caractère essentiel, dit l'auteur,
est qu'elle doit être concédée à des personnes qui ont
accompli dans les Indes des actes méritoires, mais
il ajoute qu'à la vérité cette condition n'est pas observée, parce qu'on accorde cette concession à des
gens qui ne sont pas sortis de Castille.

Cela rappelle beaucoup le fait de ces terres publiques que l'on devait concéder à ceux qui les peu-
pleraient. Comme ce privilège fut accordé, dans la
plupart des cas, à des gens qui ne connaissaient pas
même ces terrains, on créa, dans la République Argentine, un système juridique fort curieux qui répond
bien à la psychologie d'un pays d'élevage : peupler
un terrain prit la signification d'y introduire des troupeaux.

— Les juristes font des distinctions entre *Répartitions d'Indiens, Commanderies et Services personnels*. Entre ces situations sociales, la distinction
est subtile. Il est vrai que, après l'abrogation des services personnels qui ne fut jamais complète, les
commandeurs recevaient des Indiens un tribut. Ce
fut une entreprise aux difficultés excessives que cette
taxation de tributs, les ordonnances recommandant
de les réduire le plus possible. Dans ses *confirma-*

ciones reales, León Pinelo rapporte les taxations du
Pérou, qui variaient grandement d'un lieu à un autre.
On fixait la quantité d'argent que l'Indien devait
payer chaque année à son maître. Mais les juristes
décidèrent que le tribut pourrait s'acquitter en services, et l'on continua d'agir ainsi dans beaucoup
d'endroits.

— *Política Indiana*, Solórzano.

L'auteur, dans les chapitres 3 et 4 du livre II de
son ouvrage, traite de la situation des *Yanaconas* ou
Naborías, c'est-à-dire des Indiens de service, et dans
le chapitre 3 du livre III, sur la commanderie, il
s'explique in-extenso sur ses caractères juridiques.
Dans le chapitre 32 du même livre, il discute la
convenance de la perpétuité de la commanderie, et
se prononce judicieusement pour la négative.

— *Gobernantes del Perú*, Collection Levillier.

Une très longue lettre du vice-roi, comte de Nieva,
en 1562, conseille à Sa Majesté de rendre perpé-
tuelles un tiers de commanderies, de conserver à vie
le second tiers et de réserver le restant à la Couronne.
(T. I, p.p. 393, 401).

Gobernantes del Perú.

Cette collection de documents, publiée par Levillier, en cinq volumes, sous le patronage du Congrès
Argentin, montre d'une manière vivante comment la
vie des vice-rois était absorbée par la préoccupation
des commanderies. Ce qui aujourd'hui est accaparé
par la politique l'était jadis par la commanderie.

Dans la société, on organisait alors la lutte pour cette conquête, comme on le fait aujourd'hui pour la conquête du pouvoir.

L'histoire des modifications de la commanderie, non pas d'après la loi mais dans la réalité, est faite par le vice-roi Toledo. Malgré la suppression du travail personnel, celui-ci continuait, soit en secret, soit même ouvertement. Cette lettre du vice-roi Toledo constitue un tableau, vivant comme un roman, de la vie des prétendants à la commanderie, prédécesseurs des candidats à la députation de nos jours. On doit admirer la noble énergie avec laquelle ce vice-roi parle au Roi. (Tome IV, p.p. 60 et suivantes).

— *Audiencia de Charcas.*

Dans le district de Charcas, en 1573, d'après le licencié Matienzo, les Indiens supportaient un véritable esclavage de la part de leurs commandeurs, malgré toutes les lois contre les services personnels. (T. II, p. 480).

— *Gobernantes del Perú.*

Au Pérou, en 1570, il en était ainsi, d'après le vice-roi Toledo, et même sous l'autorité des religieux. (T. III, p.p. 347, 501).

Le vice-roi Castro conseillait de « dissimuler » la prorogation des commanderies, pour trois générations. On agit ainsi et on arriva même à la 4e et à la 5e génération, (*Ibid.* p. 261).

— *Audiencia de Charcas.*

En 1599, dans le district de Charcas, l'abus des services personnels est fort grand. (T. III, p.p. 269, 362).

— *El Tucumán*, Collection Levillier.

Comme preuves de cruautés on peut consulter les procès intentés à García de la Jara et à Antonio de Heredia, par Ramírez de Velazco, gouverneur du Tucumán. (T. I, Ire partie, p. 252).

— *Documentos inéditos de Indias.*

Répartition d'Indiens. (T. I, p.p. 50 à 236, 249).

Ordonnance de Burgos sur les Indiens. (*Ibid.* p. 238).

Zuazo, ainsi que les Pères Hiéronymites, conseillèrent de faire venir des nègres de l'Afrique. Le Père de las Casas ne fut pas le premier à conseiller cela. (*Ibid.* p. 299).

Ces pères s'exprimaient ainsi : « Lors de l'arrivée des Espagnols il y avait de nombreuses centaines de milliers d'Indiens et, il y a un an, ils étaient aussi peu nombreux que ces fruits oubliés qui restent suspendus aux arbres après la cueillette. » (*Ibid.* p. 300).

Zuazo raconte qu'il ordonna de couper les oreilles à des Indiens ; Juan de Esquivel, ajoute-t-il, serviteur de Aracedo, tua de sa main 7 à 8.000 Indiens... » (*Ibid.*).

Enquête sur la population de la Española (1). (*Ibid.* p.p. 369 à 386).

____

(1) *Hispaniola*, Haïti et Saint-Domingue.

. Le licencié Figueroa écrit au Roi : « Presque tous sont fort cruels à l'égard des Indiens, et il leur serait égal qu'il fussent anéantis pourvu qu'eux pussent se gorger d'or et repartir ensuite pour la Castille. » (*Ibid.* p. 417).

Justification de l'esclavage des Indiens. Documents du bachelier Encizo. Allégations théologiques. Invocations bibliques. Les quatre raisons pour justifier l'appropriation de la terre : « *jure divino* » parce qu'ils ne connaissent pas Dieu ; parce qu'ils mangent de la chair humaine ; parce qu'ils pèchent contre nature ; parce qu'ils se suicident. » « Pour n'importe lequel de ces motifs ils ont perdu tous leurs droits... » (*Ibid.* p. 442).

Si l'on appliquait les théories de ce bachelier aux pays modernes, aucun d'eux ne pourrait y résister.

Lettre royale au sujet des Indiens : L'esclavage n'est autorisé que dans le cas ou l'Indien résiste à la catéchisation et refuse d'obéir à main armée. (*Ibid.* p. 454).

« Les moines ne cherchent qu'à gagner 7 à 8.000 *pesos* et à s'en retourner en Espagne. » (T. IV, p. 103).

Martín Cortés, le fils du conquérant déclare : « Il y a une infinité de vagabonds. Beaucoup de métis et de mulâtres sont répandus dans le pays. Ils naissent avec de mauvaises inclinations et causent de grands maux aux naturels. » (*Ibid.* p. 459).

Documents du Père Bartolomé de Las Casas.

Meutes de chiens lancées contre les Indiens. (T. VII,
p. 9. — Répartition des indigènes dans des enclos
(*Ibid.* p. 165). — Les femmes des commandeurs
fouettent les Indiennes. (p. 304). — Cruautés à faire
dresser les cheveux. (p. 401). — Dans les ventes on
ne tient compte que des Indiens. (p. 300). — Un
commandeur joue toutes les rétributions de sa concession. (p. 361). — « Je n'ai plus d'Indiens que pour
trois ans. » (p. 419). — Rapport de 14 dignitaires
de l'Eglise au sujet d'actes de cruauté : « Les croix
voulaient dire le nombre de cordes qu'on passerait
au cou des condamnés. » (*Ibid.*)

Rapport du licencié Quiroga, émule de Las Casas :
« Pour les Indiens nous avons converti leur âge d'or
en âge de fer... Les Espagnols ont avec eux de belles
Indiennes, par douzaines ou par demi-douzaines... »
(Année 1528, T. X, p.p. 333, 363, 454).

— *Españoles célebres*, Quintana.

Balboa. Son exécution par Pedrarias.

— *Anales Biblioteca*, P. Groussac.

Journal de Aguirre. Quoique ce journal se rapporte à un temps bien postérieur, il montre la corruption du foyer par les esclaves au Brésil. (T. IV,
p 92).

— *Los chiapas*, Salcedo y Ordoñez.

Les métis, qui commencent à apparaître à l'impro-
viste, observés dans les écoles. (p.p. 187, 189).

— *Historia del Paraguay*, Père Charlevoix.

« Les Espagnols préfèrent vivre parmi les In-diens. » (T. II, p. 575).

— On appelait *guazavara* une attaque subite des Indiens. Le terme *maloca* a le même sens, mais ce mot s'applique mieux à l'assaut d'une ville tandis que le premier concerne une expédition.

— *Virtudes del Indio*, J. Palafox y Mendoza.

— *Descripción colonial*, Père R. de Lizárraga. Pari de Sierrá.

— Expédition d'Avendaño dans les îles du Pacifique. (T. I, p. 199). — Cruautés entre Espagnols. (T. II, p. 313).

— *Origen de los Indios*, Diego de Andrés Rocha. Ressemblances entre les Espagnols et les Indiens. (p. 51).

— *Relaciones históricas*, (*Bibliófilos españoles*). Le volcan de Massaya. Relation de Juan Sánchez Portero. (p. 27).

— *Vida del Segoviana Rodrigo de Contreras*, Loyaza. (p. 66).

— *Examen crítico de la influencia en España de su dominación en América*, J. Arias y Miranda.

L'influence de l'Espagne est étudiée avec soin. On y voit l'action stérilisante de la Métropole sur la production de l'Amérique.

La Iglesia en América, Quesada. Ce livre est amplement cité dans l'ouvrage précédent.

— *Relación de Fr. Antonio de Ascensión*. Reproduction de Ortega Rubio.

« On ne devrait donner de commanderie à aucun Espagnol. » (T. II, p. 22)

Historia de América.

A l'inverse, le vice-roi, comte de Nieva et les commissaires du Pérou soutenaient qu'on ne devrait en donner qu'à des Espagnols, en leur interdisant de se marier avec des femmes qui ne fussent pas également de race espagnole.

— *Relación,* Ortega y Rubio.

Les jugements après la reddition des comptes de sortie de charge (1) n'eurent jamais d'effet. (T. II, p. 492)

— *Relaciones geográficas,* Germán Latorre.

Les auteurs ne mentionnent pas, parmi les causes de la mortalité des Indiens, le fait suivant que Ratzel relève dans des cas semblables. Cette cause provient de la diminution d'aliments dont souffre la race conquise, à la suite de la main mise de la classe dominante sur les provisions. Cette circonstance favorisait le développement des maladies et des épidémies, qui apportaient si fréquemment la dévastation chez les Indiens en laissant indemnes les Espagnols. Germán Latorre cite cette cause-là dans son ouvrage.

— *Servicios de los conquistadores de Tucumán,* Collection Levillier.

Histoire de J. B. Bernio, (T. II, p. 602).

---

(1) C'est ce qu'on appelait *juicio de residencia.*

CHAPITRE V.

— Genealogía de los Tejada. Revista de Buenos Aires.

On considérait, comme faisant partie de la famille, les Indiens des commanderies et les nègres, employés au service de la maison. (T. XV, p. 21).

— Documentos inéditos de Indias.

Félonie du capitaine Ayora. (T. I, p. 316). Trahison de González Dávila. (T. II, p. 129 en note). Perfidie de Francisco de Bobadilla, agissant comme intermédiaire de Pizarro, à l'égard de Diego de Almagro. (T. III, p.p. 138, 218, 221).

Embuscade contre Cristóbal de Olid. (T. XIV, p. 237).

Mauvaise foi à l'égard d'Alvarado, dans le payement fait par Almagro. Fraude de Rodrigo de Contreras. « Ici les hommes sont plus licencieux qu'ailleurs.» (T. XXIV, p.p. 239, 400. 539).

Synthèse psychologique du conquérant. Dialogue de Gamboa avec le licencié Cepeda. (T. XLI, p.p. 106, 431).

— El descubrimiento de América, Campe.

Trahison de Ovando à l'encontre de la reine Anacona. (T. I, dernier chapitre).

— *C. Colón*, Humboldt. (Edition espagnole. T. II,
p. 218).

— *Comercio de Indias*, Antiñano.
Introduction du Don Quichotte dans les Indes.
(p. 145).

Tradiciones peruanas, R. Palma.
Mort de García Alvarado, d'Antonio Picado.

— *Historia de Tucumán*, P. Lozano.
Castañeda et Zurita. (T. IV, ch. 2 et 7).

— *La Cour d'Espagne*, Mme d'Aulnoy.
Description faite par le Maréchal de Gramont.
(p. 89).

— *La Spagna nella vita italiana durante la Rinascenza*, B. Croce (p.p. 103, 181).

— *Historia de España, Conquista de Granada*,
Lafuente.

— Diego Fernández.
Infidélité des auditeurs qu'amena le vice-roi Blasco
Nuñez de Vela. (T. I).

— *La expedición de Orellana por el Amazonas*,
Ortigueira.

— *Historia de Indias.*
Trahisons de Fernando de Guzmán et de Lope de
Aguirre. (T. II, p.p. 347, 352, 369).

— *Conferencias americanistas*, 1892. *La Iglesia.*
Le Père Juan Diaz attrista la vie de l'évêque

Zumárraga, en prêchant la justification de la fornication. (p. 34).

— *Gobernantes del Perú*, Collection Levillier.

Lettre de la Gasca : « Ceux qui desservent votre Majesté, ainsi que ceux qui se disent ses serviteurs, sont habitués à se montrer cupides, débauchés, voleurs, à vivre sans Dieu et sans Roi, n'en ayant les noms que dans la bouche. » (T. I, p. 152).

La Gasca remit les filles de Juan et de Gonzalo Pizarro à leur famille, à Trujillo : « Il convient, dit-il, qu'il y ait quelqu'un qui veille sur leur vertu, spécialement parce qu'elles sont originaires des Indes et surtout parce qu'elles sont métisses : ces dernières héritent de leur père la tendance à vouloir faire tout ce qu'il leur plait, et de leur mère le peu de souci que les Indiennes prennent de leur honneur. » (*Ibid.* T. I, p. 162).

Le vice-roi, comte de Nieva, demanda qu'on établît, comme cause de révocation des commanderies, le fait de la part du bénéficiaire de ne pas se marier avec une Espagnole ou une fille d'Espagnol. « Il convient de prohiber le mariage avec des Indiennes ou des esclaves, car les enfants qui proviennent de semblables unions ont des tendances mauvaises. Les mulâtres et les métis sont déjà si nombreux et ils ont de si mauvaises inclinations que l'on doit craindre, vu leur grand nombre qui s'accroîtra encore dans l'avenir, qu'ils n'occasionnent des maux et des troubles dans ces états. On ne saurait, en effet, attendre d'eux des actes honnêtes qui cadrent avec la tranquillité et le repos publics. » (*Ibid.* T. I, p. 423).

« Cette terre où l'on est si libre en paroles et même en actes », disait, en 1566, le licencié Castro. (T. III, p. 182).

« Ceux qui sont nés ici, ont été élevés à cheval et l'arquebuse à la main. » (*Ibid.* p. 261).

—*Una hora de España* (entre 1560 et 1590), *Azorín*.

Dans cette collection de tableaux, où le savant causeur présente la vie pittoresque et intime de l'Espagne, on n'en rencontre aucun qui puisse s'appliquer à l'Amérique de ce même XVI° siècle. On ne retrouve pas dans le Nouveau Monde le courtisan, le professeur, le saint, la cité du genre d'Avila, l'ambiance paisible de l'existence du paysan ou du jardin de couvent.

— *Política indiana*, Solórzano.

Le P. Juan de la Puente, cité par l'auteur, estime que : « La terre nouvelle est meilleure pour produire des herbages et des métaux que des hommes de mérite, car ceux qui descendent d'Espagnols dégénèrent très vite. »

Solórzano contredit cette opinion car il sait, pour l'avoir ouï dire et l'avoir vu, combien d'hommes éminents ont été élevés en Amérique. Cependant il termine sa longue digression en affirmant que les hommes naissent vicieux en Amérique, parce qu'ils proviennent d'unions illicites ; il rappelle les ordonnances qui défendent à ces gens de sang mêlé de provoquer des troubles dans le pays, ce qu'on doit toujours redouter de leur part. (Livre II, ch. 30).

— *Gobernantes del Perú*. Une lettre du licencié Castro porte ceci : « Il y a dans ces royaumes un très grand nombre de métis, et il en naît à chaque instant. On devrait demander l'envoi d'une ordonnance défendant à tout métis de porter des armes ou d'avoir une arquebuse. Ce sont là en effet des gens qui, avec le temps, deviendront très dangereux et très nuisibles dans ce pays. Comme ils n'avaient pas encore grandi, on ne se préoccupait pas d'eux, mais à présent, ils sont déjà devenus des hommes... » (T III, p. 235).

— *Conquista de Nueva España*, Bernal Díaz del Castillo : « L'or qui brise les rochers, l'or qui adoucit... » (p.p. 38, 39).

— *Descripción de las Indias* (1574), López de Velasco.

« Les fils d'Espagnols se transforment non seulement quant aux caractères du corps mais encore quant à ceux de l'âme. Comme beaucoup d'esprits inquiets sont passés dans ces provinces, les rapports et les conversations se gâtent ; aussi dans ces régions y a-t-il toujours des troubles. »

CHAPITRE VI

— *Historia*, Le Père Lozano.

Dans cet ouvrage est décrite une scène d'intrigue et de violence entre Castañeda et Zurita digne du tableau où Taine dépeint l'Italie du XVᵉ siècle. (T. IV, ch. 2 et 7).

— *Documentos inéditos de Indias.*

Comment les gouverneurs s'enlèvent les juridictions. (T. III, p. 66).

« Aujourd'hui il y a plus de haines entre les bandes d'Almagro et celles de Pizarro qu'entre Mores et chrétiens... » (*Ibid.* p. 119).

Soulèvement, au Pérou, de Francisco Hernández, de Luis Vargas à cause de la mort prochaine du vice-roi Antonio de Mendoza; Hernandez est décapité. (*Ibid.* p.p. 232 à 271).

« Le monarque veut tout pour lui. Le Pérou ne pourrait-il pas cesser de l'avoir pour seigneur et se gouverner librement comme Venise. (*Ibid.* p. 265).

« Les Espagnols, au nombre de 7 à 8.000, au Pérou, n'ont rien à faire. Ils ne travaillent pas, ils ne bêchent ni ne labourent. Ils ne viennent pas,

disent-ils, en Amérique pour cela... » (T. IV,
p. 562, note).

« Il arrive beaucoup d'Espagnols, raconte Martín
Cortés, qui n'ont pas de travail. Chaque jour, à
México, se lèvent 800 Espagnols qui n'ont rien à
manger. » (*Ibid.* p. 458).

Le prêtre Molover écrit ceci au Roi, au sujet des
maux de la Nouvelle Espagne : « C'est parce qu'il
y a tant de gens amis de leurs propres intérêts que
ce pays est tombé dans une si grande misère. Il y en
a qui demandent à être chapelains ou prélats, et ils
s'imaginent être si fort en crédit auprès de Votre
Majesté que, une fois qu'ils ont parlé ou écrit, ils
ne renonceraient pas à leurs prétentions lors même
que le ciel s'effondrerait, que la terre se perdrait,
que le culte divin s'anéantirait et que tout s'en irait
au diable. » (T. VIII, p. 199).

Dans une lettre au Président du Conseil des Indes,
le bachelier Sanchez dit ceci : « Nous tous qui nous
rendons dans les Indes, nous y allons dans l'intention de retourner en Espagne fort riches, ce qui est
impossible (car, de chez nous, nous n'emportons rien,
et ici nous vivons sans rien faire) si ce n'est aux dépens
de la sueur et du sang des Indiens. » (T. XI, p. 163).

Désobéissance de Hernán Cortés à l'égard de Ve-
lázquez. (*Ibid.* p. 400).

Soulèvement contre Cortés. Le commissaire aux
vivres et l'inspecteur font prisonnier le trésorier-

comptable et tuent le majordome de Cortés Ils mettent à sac sa demeure. (*Ibid.* p.p. 34 à 72).

— *Historia del Perú*, Diego Fernández.

Le couronnement de Gonzalo Pizarro fut un projet sérieux. (T. II, Ch. 26 et 32).

Soulèvement de Gonzalo Rodríguez à Pastos et de Rodrigo Méndez à Panama. (T. II, p. 404).

— *Historiadores de Indias*, Ortigueira.

Expédition d'Orellana dans la région de l'Amazone. Pour se nourrir, ils saignent leurs chevaux tous les huit jours. (T. II, p. 331).

Lope de Aguirre et ses hommes mangèrent leurs chevaux et leurs chiens jusqu'au dernier. Lope de Aguirre se qualifiait de « Colère de Dieu, Prince de la Liberté du Royaume de Terre-Ferme et du Chili ». (*Ibid.* p.p. 347, 368).

La lettre de défi d'Aguirre au Roi. (*Ibid.* p. 469).

— *Historia del Perú*, Diego Fernández, el Palentino.

Diego Fernández, de Palencia, rapporte ainsi la théorie de la rebellion de Gonzalo Pizarro faite par l'auditeur Cepeda :

« Cepeda soutenait que depuis leur origine et leurs débuts les rois provenaient des tyrans. De même la noblesse descendait de Caïn et les plébéiens d'Abel le Juste. Cela se voyait clairement et se démontrait d'après les blasons et les emblèmes de leurs armes, avec ces dragons, serpents, flammes, épées, têtes coupées et autres tristes et cruels emblèmes qu'on

mettait sur les armes des nobles et qui y figuraient.
Francisco de Carvajal approuvait beaucoup tout cela
et il appuyait encore ironiquement en disant qu'il
voudrait voir le testament d'Adam pour y rechercher
s'il léguait le Pérou à l'empereur don Carlos et aux
rois de Castille. Ces choses-là, Gonzalo Pizarro les
écoutait avec grand plaisir, bien qu'il dissimulât ses
pensées sous des paroles vagues. Francisco de Carvajal avait fait enlever les armes royales de l'étendard
pour mettre à leur place les armes de Gonzalo Pizarro que celui-ci avait établies ainsi : Une couronne
royale au-dessus d'un *P*. Carvajal jeta les armes du
roi dans un *brasero* allumé qui se trouvait dans la
chambre et il sortit avec l'étendard. Dès qu'il fut
sorti, un page de Pizarro, qui se nommait Luis de
Almao, enleva les armes du brasero pour les empêcher de brûler, il éteignit le feu qui y avait pris, puis
il les cacha. Carvajal rentra ensuite et il vit que les
armes n'étaient pas brûlées. En constatant qu'il n'y
avait dans la chambre que Luis de Almao, saisi d'une
très grande colère, il le prit par les cheveux et le
traina au dehors ; il jurait sur la tête du gouverneur
qu'il ferait pendre ce garçon et il l'aurait fait si, à ce
moment-là, Gonzalo Pizarro n'avait pas paru et ne
l'en avait pas empêché. Plus tard, après la défaite et
le châtiment de Pizarro, bien que par jugement
Almao eût été déclaré traître, il ne fut condamné
qu'à servir comme soldat et à ses frais, sur les galères,
pendant six ans. (T. I, p. 179.)

— *Historia general de las Indias*, López de Gomara. (Edition Calpe).

Assassinat de Francisco Fernández. (T. II, p. 213). — Bandes de factieux espagnols dans le Darien. (T. I, p. 135). Inobservations des décrets rendus en faveur du père B. de las Casas pour coloniser Cumana. — Perfidie envers Gonzalo de Ocampo.— L'histoire des trahisons, des haines et des indignités d'Almagro et de Pizarro. (T. II, p. 59).

L'effet de la consternation causée par les nouvelles ordonnances est pris sur le vif. (T. II, p. 100).

La liste des gouverneurs du Pérou assassinés ; un seul gouverneur s'en était tiré vivant, le président La Gasca ; il avait failli être tué par les fils de Rodrigo Contreras, qui mirent à sac sa maison. (T. II, p. 186).

« L'amiral » du nouveau roi, Gonzalo Pizarro, a servi de modèle à López de Gomara pour une eau-forte impressionnante. Il s'agit de Hernán Bachicao, « le borgne à la taie », l'héritier présumé du trône de Pizarro.

Il fit sur les côtes du Pacifique une campagne que n'égalèrent pas les plus féroces corsaires : « C'était, dit Gomara, un homme de petite taille, un ruffian ; présomptueux et blasphémateur, il avait voué son âme au diable ; il se plaisait à grouper autour de lui des gens de basse classe ; grand instigateur d'émeutes, voleur achevé dans son intérêt et au préjudice de ses amis comme de ses ennemis ; jamais il n'assista à une bataille sans prendre la fuite... »

Une page finale de Gomara est d'un grand écrivain : « C'est l'ambition qui, au début, poussa à agir les factions rivales de Pizarro et d'Almagro. La cupidité les fit marcher ensuite. Enfin, par colère et par jalousie, elles se livrèrent à de grandes cruautés. Plaise à Dieu que ces révoltes ne se perpétuent pas, comme en Italie celles des Guelfes et des Gibelins. Les soldats suivaient Almagro parce qu'il leur accordait des faveurs ; ils suivaient Pizarro parce qu'il pouvait leur en accorder. Les deux chefs morts, ils suivirent toujours celui qui, d'après leurs suppositions, leur donnerait le plus et très vite. Ainsi, comme ils ont suivi plusieurs chefs, la fausseté a toujours pris place dans leurs cœurs et sur leurs lèvres ; jamais ils ne disaient la vérité, sauf sous le coup de la colère. Ils corrompaient les gens avec de l'argent pour les amener à faire de faux témoignages ; ils s'accusaient faussement les uns les autres pour obtenir un commandement, pour avoir de l'argent, par vengeance, par jalousie, même par passe-temps ; ils tuaient au nom de la justice, sans justice, et tous pour devenir riches. *Et c'est pourquoi beaucoup de choses restèrent cachées qu'il convenait de rendre publiques et, comme chacun persistait dans ses intentions, on ne peut découvrir la vérité à travers les complications juridiques.* » (*Ibid.*)

Ne pourrait-on pas fort justement en dire autant de toutes les époques de l'histoire ? L'indéchiffrable mystère du passé entier fait à la fois la torture et l'enchantement de l'historien.

— *Guerras civiles*, Gutierrez de Santa Clara.

Cet historien relate, dans tous ses détails, le plan de Gonzalo Pizarro et les manifestations princières de son orgueil. (T. I, p. 127).

— *Relación de Alvar Nuñez*.

Le gouverneur Alvar Nuñez Cabeza de Vaca fut emprisonné par ses soldats pendant plus d'un an et ils donnèrent le gouvernement du Paraguay à Domingo de Irala. (§ XCIII et suivants).

Il y eut de grands scandales, des passions déchaînées et des morts d'hommes. (§ CVIII).

Dans l'enquête faite par les employés de Rio de la Plata contre Alvar Nuñez, il résulte de dépositions qu'il tentait de s'imposer comme prince du Paraguay.

— *Organización de la Iglesia*, Collection Levillier.

Soulèvement et violences des évêques contre Saint Toribio de Mogrovejo. Ces évènements très dramatiques eurent lieu pendant le concile de Lima, en 1582. Là figure l'évêque de Tucuman, Francisco de Victoria, qui fut un des chefs de ce soulèvement. Dans cette page se révèle une humeur inquiète et querelleuse. (T. I, p. 306).

— Deux fils de Rodrigo de Contrerás se soulevèrent, avec des partisans de Gonzalo Pizarro, dans la Nouvelle Grenade. Après avoir saccagé sa maison, ils essayèrent d'arrêter le président la Gasca qui s'en retournait en Espagne.

— *Gobernador del Perú*, Collection Levillier.

Popularité de la rebellion de Gonzalo Pizarro. Le père Juan Coronel, chanoine de Quito, avait écrit un livre qu'il intitula : *de Bello Justo*, en faveur et en défense de la rebellion. Il y soutenait que la guerre qu'on faisait à Pizarro était injuste. Le prêtre Juan de Sosa fut aussi un partisan du rebelle. Il y eut beaucoup d'exécutions. Une lettre citée donne des détails sur les excès et les crimes des *Pizarristas*. (T. I, p. 107).

Quelques silhouettes d'aventuriers. Lettre du comte de Nieva : « Cette région est ainsi faite que, si dix hommes se réunissent quelque part, ils mettent le bon ordre en péril. » (*Ibid.* p.p. 387, 390).

Comment les vagabonds, chassés du Pérou, y retournent de Panama. (*Ibid.* 541).

Gobernantes del Perú. Le vice roi Toledo considérait que la rebellion de Gonzalo Pizarro n'avait pas été châtiée parce que ses complices avaient reçu des récompenses. (T. V, p. 259).

Cette lettre constitue une page intéressante de philosophie historique.

— *Audiencia de Charcas*.

« Ces jeunes gens, écrit en 1591 le licencié Cepeda, orgueilleux et agités, créoles et métis, usurpaient l-s fonctions de justice et d'administration. » (T. III, p. 116).

Soulèvement, dans le district de Charcas, de Gonzalo Luis de Cabrera, en 1599. (*Ibid.* T. III, p. 401.

Juan Fernández veut se soulever en 1583. « Il se marierait avec la Coya (1) et se ferait proclamer roi ; le Souverain Pontife confirmerait sa nomination. Il créerait des comtes et des marquis. (*Ibid.* T. II, p 20).

— *El Tucumán*, Collection Levillier.

Le procès fait aux révoltés. — Les gouverneurs de Tucumán s'exterminent entre eux. (T. I, 2° partie, p. 225).

— *Gobernantes del Perú*. (1575).

Les plaintes sont constantes à l'occasion de l'accroissement du nombre des métis qui sont des vagabonds et de mauvais conseillers pour les Indiens. La théorie de l'esprit d'agitation des métis. Enumération des soulèvements au Pérou. Soulèvement d'Arias Maldonado. Son expulsion en Espagne. (T. I, p.p. 240, 255, 276)

Les Aguados tentent de se révolter en 1573. Il en est de même de Gonzalo Gironda. (*Ibid.* T. V, p.p. 57, 191).

— *Audiencia de Lima.*

« Qu'il ne vienne pas un Espagnol de plus, dit le Tribunal en 1551 ; il est nécessaire de se débarrasser de ceux qui sont ici. Si le soldat n'a pas de quoi manger, forcément il le cherchera, quand même il saurait qu'il sera pendu. » (p. 26).

Les séditions de Melgarejo, de Barrionuevo, de

---

(1) *Coya*, princesse de sang royal, au Pérou, du temps des Incas.

Miranda, à peine celle de Gonzalo Pizarro était-elle terminée. Ensuite celle de Luis Vargas. (p.p. 32, 46, 64).

Sebastián de Castillo fut le précurseur du rebelle Hernán de Girón. (p.p. 73, 87).

Voici ce que déclare le licencié Bravo de Saravia : « Aussi longtemps qu'il y aura autant de gens perdus qu'il y en a aujourd'hui dans ces régions — et chaque jour leur nombre augmente — les troubles ne sauraient cesser. Plaise à Dieu qu'ils ne causent pas la ruine entière du pays. Les gens d'ici, en effet, par leur propre méchanceté ou par l'influence de l'atmosphère ou du terrain, ne veulent ni loi, ni roi, ni homme vertueux. » (*Ibid.* p. 78).

Soulèvement de Hernández Girón, en novembre 1552. Francisco Silva se révolte à San Miguel de Piura. (*Ibid.* p.p. 102, 116).

L'auditeur Altamirano dit ceci : « Je considère comme terminé le soulèvement de Hernández Girón, mais non pas son projet ; il a tant de branches et même de racines que je ne comprends pas comment le pays peut y tenir. » (*Ibid.* p.p. 116 à 128).

CHAPITRE VII

Il est intéressant de remarquer le changement de sens des institutions. Le Patronage fut créé pour soutenir et protéger l'Eglise. Aujourd'hui il est invoqué pour limiter ses droits ; au fond, avec des pensées hostiles. La même inspiration césarienne, qui le créa en Amérique, alimente la persécution dont le Patronage est actuellement l'objet au Mexique.

Dans les deux cas le Patronage a été considéré comme une affaire administrative.

Il est certain que dans beaucoup de territoires de l'Amérique, encore fétichistes ou païens, l'érection d'une église est une des plus grandes œuvres d'édification spirituelle.

— *Histoire de l'Art dramatique*, Schack.

Le drame religieux est un autre signe du spiritualisme espagnol. L'Espagne n'imita pas le théâtre grec, comme on le fit en France et en Italie ; elle créa un genre dans lequel éclate son ardent mysticisme.

— *Memorias de virreyes*, Beltrán y Rospide.

« Ce que les Indiens retiraient de l'enseignement religieux, ils le faisaient à la manière des perroquets ;

il n'y avait là ni fondement ni racines. » Mémoire du vice-roi Toledo. (Ch. 12).

— *Predicadores del siglo XVI*, Le P. Manuel Mir.

On peut lire dans l'introduction aux sermons du père Alonso Cabrera : « L'Espagne du XVIᵉ siècle fut non seulement chrétienne mais bien ecclésiastique et, disons-le bien haut, monastique. C'est à cette source-là qu'elle puisa le caractère le plus particulier de toute sa culture intellectuelle, scientifique et littéraire. Le sermon qui fructifie, dit le père Vieira, est celui qui fait de la peine, lorsque l'auditeur tremble et qu'il s'en va troublé et effrayé. »

Quelle différence avec Saint François de Sales, qui exprime le caractère français de l'esprit religieux. Pour l'évêque savoyard, cet esprit religieux c'est la paix intérieure. Ses conseils à Philotée sont imprégnés de grâce et de douceur.

— *El gobierno de los regulares en América*, Le père José Parras. (T. II, p.p. 308 et suivantes).

— *La Iglesia en América*, L. Ayarragaray.

— *Les Origines religieuses du Canada*, G. Goyau.

— *Documentos inéditos de Indias.* (T. IV, p. 103, T. VII, p. 323)

Rapport des pères dominicains. (*Ibid.* p. 397).

Rapport du licencié Quiroga. Le pronostic fait par un Indien que la prédication échouera. Echec de la prédication. (T. X, p.p. 354, 371, 457)

Catéchisation superficielle. (T. XI, p.p. 148, 166).

Le licencié Cerrato écrit, en 1548 : « L'évangélisation rencontre de grands obstacles de la part des Espagnols, car il leur semble que, tout ce que les religieux mangent ou dépensent dans leurs monastères, ils le leur volent. Ils ne voudraient pas que les Indiens apprissent qu'il y a un Dieu, une loi, un roi, une justice : ils voudraient rester seuls à être tout cela à leurs yeux. » (T. XXIV, p. 490).

« Les prêtres viennent chercher cet or et n'ont pas d'autre but. » (*Ibid.* p. 491).

Au Guatémala, en 1559, le licencié Tomás López écrit une lettre pour demander l'envoi de prêtres bons plutôt que savants : « Un exemple de bonté vaut mieux que les paroles de dix sermons. » Il désire qu'on ne donne pas au clergé de juridiction temporelle « parce qu'il n'est rien qui les pervertisse autant. » (*Ibid.* p. 530).

Les écrits de l'évêque Zumárraga au sujet des désordres des prêtres. (T. XLI, p. 172).

— *Audiencia de Lima*, Collection Levillier.

« Le mauvais exemple que reçoivent de nous les Indiens. » (T. I, p. 54).

— *Organización de la Iglesia*.

« Quelques-uns, avec leur imprudence, donnent de mauvais exemples et, dans ces territoires où les tentations sont si faciles, on a besoin de religieux éprouvés pour que le pays ne les pervertisse pas. » (T. I, p.p. 62, 78).

« Quant aux rapports d'amitié que les religieux

entretiennent avec les *corrégidores* et les personnes attachées au gouverneur... les prélats ne peuvent remédier à ce mal, car les moines dépendent plus de ce gouverneur que des évêques. » (p. 123).

Le vice-roi Martín Henriquez parle de la mollesse des prêtres : « La doctrine n'a pas été implantée profondément dans ce pays, car je la trouve si privée de force qu'elle ne sert à rien ; on la considère comme chose accessoire et les ministres chargés de la défendre sont trop mous. » (p. 161).

Rapport de l'archevêque de Lima et de divers évêques sur la persécution que subissent l'Eglise et la doctrine catholique. (p. 164).

Soulèvement des évêques contre Saint Toribio de Mongrovejo. (p. 174).

Edit sur les visites ecclésiastiques. Etant donné les cas qu'il envisage de violation des règles religieuses, on peut savoir ce qui se passait en réalité. Cet édit fut sanctionné, en 1583, au concile de Lima.

L'évêque de Cuzco disait : « Dans les Indes, l'Eglise est comme inexistante parce que Votre Majesté est tout. » (p. 423).

« Les prêtres n'ont pas pour leurs évêques l'obéissance et le respect qu'ils devraient avoir parce qu'ils peuvent recourir aux ministres de Votre Majesté contre leurs supérieurs. » (p. 592).

Charles-Quint demande au Pape, en 1547, d'autoriser les ordres religieux, en Amérique, à accorder, à ceux qui font profession, des dispenses pour les irrégularités qu'ils auraient commises avant de s'engager dans les ordres. (T. II, p. 63).

En 1560, il est recommandé aux prélats de ne pas prononcer d'excommunications pour des causes légères : « Dans ces terres nouvelles, où maintenant la foi s'implante, il convient d'apporter beaucoup de modération en matière d'excommunication. » (*Ibid.* p. 75).

Le Pape Pie IV, en 1562, défendit aux religieux, qui retourneraient en Espagne, d'emporter avec eux des richesses. (*Ibid.* p. 84).

Exceptions pour l'Eglise en Amérique : Dispenses pour des irrégularités constituant ou nom des délits, dispenses pour parentés et pour alliances dans les mariages ; faculté d'absoudre, en matière de schisme, d'hérésie, d'idolâtrie, cas réservés normalement au Saint Office seul. (*Ibid.* p. 119).

Quant aux habits ecclésiastiques, le Concile de Lima, en 1583, prohibe l'emploi dans les vêtements de modes qui conviennent mieux à des soldats qu'à des prêtres, tels que : cols plissés, houseaux, broderies sur les bas ou les haut-de-chausses et autres parures semblables. (*Ibid.* p. 204).

— *Gobernantes del Perú.*

Le vice-roi Castro écrivait, en 1565 : « On m'a certifié que, sur plus de 300.000 baptisés, il n'y en avait pas 40 qui fussent chrétiens ; ils sont aujourd'hui aussi idolâtres qu'auparavant. » (T. III, p. 79).

— *Audiencia de Charcas*. Les religieux sont contaminés par les conquérants. (T. I, p. 19).

— *Conferencias americanistas de 1892*. Le Patronage royal dans les Indes comportait une autorité absolue sur toutes les choses ecclésiastiques : le droit de conférer des évêchés, des cures et autres bénéfices ; il donnait le pouvoir de disposer des dîmes.

Les questions purement théologiques sont résolues d'abord par le Conseil des Indes avant d'être soumises à Rome. — Cela créa à l'Eglise une situation peu honorable et gênante. (Marquis de Lerma.) — Dans sa bulle du 9 mai 1522, le Pape Léon X accorde à des missionnaires des pouvoirs épiscopaux.

— *La Iglesia en América*, V. G. Quesada.

Fernand le Catholique prétendit au titre de Patriarche des Indes. Le Pape lui accorda le titre *sine re*, défendant au Patriarche de se rendre en Amérique. (Ch. 3).

— *Discurso del capitán Drake*, Juan Castellano (Appendice de González Palencia).

L'église représentait une partie très considérable de la valeur de la ville. Quand Drake imposa une rançon à Carthagène, on évalua toutes les constructions. L'église était, comme nous l'avons dit, l'*agora* ou le *forum*. Quand le peuple délibéra sur le rachat de la ville, l'assemblée se tint dans l'église.

— *Relación de Panamá*, Juan Requejo Salcedo.

Pendant les tremblements de terre qui désolèrent Panama, du mois de mai au mois d'août 1621, une scène dépeint l'ambiance spirituelle de cette ville américaine. Durant les secousses, sur la place, les prêtres, assis sur les pierres réunies pour la construction de la Cathédrale, confessent les habitants qui sortent demi-nus de leurs maisons, pendant que s'effondrent les toitures et que souffle l'ouragan.

Cette scène mériterait d'être reproduite par la plume d'un romancier ou par le pinceau d'un peintre.

— *Historia del Paraguay*, Père Charlevoix.

L'histoire de la consécration épiscopale du père Bernardino Contreras, en violation des règles canoniques, rend bien l'absence de rigueur dans l'application des règlements ecclésiastiques.

Le refus, de la part de la Compagnie de Jésus, de reconnaître cette nomination d'évêque remplit de scandales les couvents d'Amérique et mit à une rude épreuve les connaissances canoniques des théologiens. (T. II, dernier chapitre, T. III, Ch. 1).

— *Historia de la Compañía de Jesús*, Père Pastells.

Les évènements qui précèdent y sont relatés. (T. II).

L'apôtre Alonso Barzona fut le disciple du bienheureux Juan de Avila. Sa vie de missionnaire et catéchiste fut exemplaire. (*Ibid*. T. I, p. 11).

— *Audiencia de Charcas*.

En 1590, il est procédé à l'ouverture de la réunion du *cabildo*, la municipalité, dans l'église de la Plata. (T. III, p. 85)

CHAPITRE VIII

— *Libros referentes a la historia de América.
Descripción de Panamá por su Audiencia.*

En 1605, sur 548 habitants on compte, à Panama,
les professions suivantes : 25 notaires royaux, 4 chi-
rurgiens, 2 apothicaires, 4 marchands de soieries,
5 maîtres-tailleurs, 49 ouvriers tailleurs, 21 cordonniers et ouvriers cordonniers, 21 charpentiers, 32 cal-
fats, 11 selliers, 2 forgerons, 2 couteliers, 1 chau-
dronnier. (T. VIII, p. 169).

— *Documentos inéditos de Indias.* Rapport des
Franciscains : « L'envie de demeurer dans ce pays
est si grande chez les Espagnols qu'il n'est pas nécessaire de leur donner des Indiens mais bien plus de
liberté. » (T. II, p. 148).

Le bachelier Sanchez écrit au Conseil des Indes,
en 1566 : « Nous allons dans les Indes, avec l'intention d'en revenir riches... Trois sortes de gens sont
responsables de tous les maux, dans les Indes : 1° les
juges, qui n'appliquent pas les lois ; 2° les prêtres et
les moines qui s'allient avec les méchantes gens qui
désolent les Indes ; 3° les commandeurs, qui com-

mettent des crimes qu'aucune oreille chrétienne ne saurait entendre. » (*Ibid.* p. 69).

On condamne Cortés pour avoir fait enregistrer de l'or sous le nom d'un tiers. Recherches secrètes contre lui. (T. XII, p.p. 410, 531).

Soulèvement du trésorier et du caissier contre Cortés. Révocation de commandeurs. (T. XIII, p. 38).

« Un an et demi après leur arrivée, les Espagnols abandonnent les mines et réclament des Indiens. » (*Ibid.* p. 81).

« Les employés royaux sont toujours endettés. » Le favoritisme dans l'attribution des commanderies. Curieuse liste de serviteurs parasites. (*Ibid.* p.p. 127 à 129).

— Un président et des auditeurs abusent de femmes indiennes. (*Ibid.* 133, 507).

« On ne punit pas, à cause du petit nombre des habitants. » (T. XIV, p. 125).

Cédule demandant des contributions secrètes « à cause des grands besoins que nous éprouvons... Qu'on veuille bien nous envoyer gracieusement quelques sommes ou bien de l'or pour subvenir aux susdites nécessités (les Flandres, la guerre contre les Turcs). » (T. XVIII, p.p. 113, 458).

Sur la valeur du marc et du carat, pour recouvrer les impôts et pour rendre compte de leur recouvrement. (*Ibid.* p.p. 383, 420).

Commission donnée à Juan Ibarra pour la vente des emplois. (*Ibid.* p.p. 425, 454).

Il faut éloigner des Indiens les Espagnols de mauvaise conduite. (T. XIX, p. 123).

Les accusations d'Almagro contre Pizarro forment un tableau de la conquête en plus d'une contribution à l'histoire du Pérou. (T. XX, p.p. 217 à 477).

Cédule sur la nécessité de faire travailler les Espagnols à Panama « pour détruire chez eux l'opinion que le travail est chose avilissante. » (T. XXI, p. 42).

« Quant à ce que vous dites des nègres, mulâtres, métis, hommes et femmes libres, qui errent dans les environs de cette ville, sans entendre la messe, sans se confesser et sans faire baptiser les enfants qui leur naissent, et qui occasionnent des vols, des larcins et autres troubles... » (*Ibid.* p. 77).

La perfidie de Pizarro à l'égard d'Almagro. (T. XXIV, p. 239).

Alonso Maldonado, président de l'audience du Guatémala, se marie avec la fille du gouverneur Francisco de Montejo, malgré les défenses solennelles des cédules. (*Ibid.* p. 250).

Dénonciation portée contre l'attribution d'une commanderie, au Guatémala, à Villalobos, rien que pour lui permettre d'avoir de quoi jouer et d'entretenir Monique, sa maîtresse depuis dix ans, dont il a quatre enfants, bien qu'il soit marié et que sa femme soit à Placencia. (*Ibid.* p. 379).

Rodrigo Contreras a réparti, entre des membres de sa famille, le tiers de tous les Indiens du Nicaragua. (*Ibid.* p. 398).

Lorsqu'arriva la cédule ordonnant que : « les commanderies vacantes fussent inscrites sous le nom du Roi », on ne put donner des commanderies nouvelles, mais on en distribua quand même en antidatant les concessions. » (*Ibid.*, p. 400).

Le trésorier Pedro Ríos ne versa pas, en dix ans, un seul *peso* dans la caisse royale. (*Ibid.* p. 407).

Le licencié Cerrato, qui est une noble figure, écrit au roi : « Le bien de Votre Majesté a ici tant d'ennemis que chacun croit faire une bonne œuvre en le volant ou en le donnant. » (*Ibid.*, p.p. 520 et suivantes. « L'insécurité dans la possession des commanderies est un obstacle à la prospérité des Indes... Elles sont, pour ainsi dire, toujours en route, elles ne prennent pas racine dans le pays et ne se transmettent pas par voie d'héritage. » Gouvernement de Cortés à México. (T. XXVI, p. 147)

Le procès fait à Cortés accusé d'avoir étranglé sa femme ; l'événement eut lieu dans l'année 1522, et le procès ne fut intenté que sept ans plus tard. (*Ibid.* p.p. 300 à 338).

Les accusations portées contre Cortés pour fraude envers le fisc. Les 85 procès de Cortés. Ses réponses aux 98 griefs de l'accusation fiscale. Il récuse ses juges. On accusa aussi Cortés d'avoir empoisonné le juge Luis Ponce de León. (T. XXVII, p.p. 28, 167, 190, 301).

Cruautés à l'égard des Indiens, rapportées par des

pères dominicains de l'Ile Espagnole. (T. XXXV, p. 202).

La vie privée et le fisc. Probité. Les commandeurs restent toujours au milieu des Indiens. La destruction des Indiens, d'après le rapport du père Jérónimo Descobar. Usage d'or en poudre « qu'on ne va pas soumettre, dans les fonderies, au prélèvement du cinquième. » (T. XLI, p.p. 114, 334, 450. 439. 483).

— *Recopilación de Indias.*

Devoirs des employés royaux. (T. VIII, livre 8). — Prohibitions. (T. IV, livre 8) — Les cinquièmes royaux. (T. X, livre 8). — Les commmandeurs. (T. IX, livre 6. — Prohibition des jeux. (T. II, livre 7):

« Il n'est pas permis de jouer plus de dix pesos d'or le même jour. »

— *Audiencia de Lima,* Collection Levillier.

Mariage de Pablo Meneses avec la fille de Martin Robles. (p. 74).

Concussions fréquentes. (p.p. 146, 150, 154).

Après la rebellion de Gonzalo Pizarro : « Il y a plus de délinquants vagabonds que jamais. » (p. 154).

Concussions de Cañete. (p.p. 188, 195, 219).

Discussion sur la perpétuité des commanderies. (p.p. 199, 251, 267, 295). Dépenses des bureaux, en 1561 et 1562, au Pérou : 1.236.000 ducats. On n'envoya en Espagne que 80.000 ducats.

— *Organización de la Iglesia.*

Lettre du vice-roi Velazco écrite en 1597 : « On ne vient pas ici pour travailler, mais pour se servir

des Indiens et pour ses petites affaires. » (T. I, p. 613).
« Il ne faudrait pas laisser venir dans les Indes ces
gens, sans lien de famille, qui ne veulent pas travailler, si ce n'est comme employés du gouvernement.
Tous vivent dans la paresse, adonnés au jeu, au concubinage, au meurtre et au vol. » (*Ibid*, p. 649). Les
jeux des prêtres, d'après le Concile de 1583. (*Ibid.*
T. II, p. 205).

— *Gobernantes del Perú.*

Un exemple de fiscalité méritant d'être rapporté
est l'invention de ce qu'on appela au Pérou : *lanzas,
arcabuces, alabarderos,* et au Mexique : *entretenidos,*
entretenus. La chose consistait à augmenter le nombre
des gens pensionnés sur les commanderies, en créant
pour ces lanciers, arquebusiers, hallebardiers, des traitements pris sur les excédents des tributs payés par
les Indiens. Les lanciers devaient toucher 800 pesos
par an ; les arquebusiers 500 ; les hallebardiers 300.
Sous le gouvernement du licencié Castro, on décida
que les lanciers seraient payés avant les commandeurs.
(T. III, p. 16).

Une lettre du vice-roi Castro, en 1565, porte ceci :
« J'éprouve de grandes difficultés provenant des gens
oisifs de ce pays, qui tous voudraient résider dans cette
ville, uniquement occupés à manger des gâteaux. »
(*Ibid.* p. 28).

— *Audiencia de Charcas.*

Un auditeur raconte que, pour les nominations des
alcaldes ordinaires, il y a plus de cabales, de subor-

nations, de prétentions et de préoccupations que lorsqu'il s'agissait de l'élection des consuls romains.. (T. I, p. 269).

— *Memorial del Ayuntamiento de México. 1770. Revista de Buenos Aires.*

Sur la destruction des Indiens : « Que de lois à leur profit ! Que de règles pour bien les instruire ! Que de privilèges en leur faveur ! On dirait qu'ils sont l'unique objet de l'attention de Votre Majesté. Il en faudrait beaucoup moins pour rendre heureuse n'importe quelle nation du monde. Or, nous voyons avec douleur que les Indiens sont loin de se perfectionner. Plus il s'écoule d'années depuis la conquête et moindre est leur culture d'esprit et plus grande leur grossièreté et leur misère... Votre Majesté possède des gouvernements entiers, dans lesquels on ne rencontre plus d'Indiens, et dans le restant du royaume, après quelques années, on n'en rencontrera plus. »

« L'occupation du plus grand nombre des Espagnols c'est un emploi public. »

Impossibilité de trouver des artisans : « La principale ressource sur laquelle nous puissions compter, nous autres Américains, ce sont les traitements. »

On calcule, en 1770, que les Espagnols, passés en Amérique jusqu'alors, ont atteint le nombre de 2.500.000, à raison de 10.000 par an. Actuellement, affirme-t-on, il y a peu d'unions avec les Indiennes, qui sont « laides et sales ». « Il y en eut au commen-

cement de la conquête, mais cela ne dura guère. »
(T. XVI, p.p. 40 et 201).

— *Las nuevas ordenanzas.* (1542).

Ces nouvelles ordonnances, sur la suppression du service personnel, reconnaissent officiellement l'action du favoritisme dans la concession des commanderies :

« Nous sommes informés qu'il y a certaines personnes, dans la susdite Nouvelle Espagne, qui font partie des premiers conquérants et qui n'ont pas eu de répartition d'Indiens. » L'ordonnance prescrit, en revanche, d'imposer des réductions à « ceux qui possèdent des Indiens en trop grand nombre, tels que, Juan Infante, Diego Ardaz, el Maestro Rea, Pacífico Vásquez de Coronado, Francisco Maldonado, Juan Jaramillo, Martín Concha et Gil González de Benavidez. »

— *Tratado de las Confirmaciónes reales,* Antonio de León.

On peut voir, dans cet ouvrage, l'histoire des commanderies. Les hésitations des premières années ; les scrupules qui retardent leur établissement. Différence entre la Nouvellé Espagne et le Pérou, où on les maintient pendant deux générations. Mode de succession des commanderies. Système curieux des pensions attribuées sur les commanderies et des participations que le commandeur devait consentir à diverses personnes. On en vint à discuter sur l'introduction, à la manière féodale, des seigneuries en Amérique, mais l'idée n'eut pas de succès.

Diego Luis Molinari et d'autres bibliophiles argentins ont inséré dans cet ouvrage des notes érudites d'un vif intérêt.

— *Gobernantes del Perú.*

Concussions de Pizarro et d'Almagro. Enumération des présents reçus par le marquis de Cañete, ses dilapidations du Trésor Royal ; ses excès et ses prodigalités. (T. III, p.p. 83, 448, 485).

— *Milicia Indiana*, Vargas Machuca.

Eloge de la richesse. Excès des soldats. (p.p. 65, 173).

— *Actas capitulares de Buenos Aires.* (T. I, p.p. 24, 195).

— *Tratados*, Calvo.

Un représentant du fisc dans les incursions en terres nouvelles. — « Il convient de les empêcher de jouer de peur qu'ils ne vivent comme en Espagne. » (T. I, p.p. 117, 162).

— *Comercio de Indias*, G. de Artiñano.

Impôts sur la navigation. (p. 167).

— *Audiencia de Charcas.*

La vie privée devenue une affaire publique. Le procès de Hernando Medina. Relations de Beatriz González avec le *Fiscal.* (T. III, p.p. 292 et 335).

CHAPITRE IX

— *Política Indiana*, Solórzano.

Une phrase de Solórzano, dans sa *Política Indiana*, mérite d'être citée, car elle constitue une éloquente leçon sur la psychologie du juriste, pour lequel la réalité unique est dans le texte de la loi : « On ne saurait tirer un argument de ce qui s'est fait ou se fait à l'encontre de la volonté royale et des règles qui sur ce sujet ont été si souvent renouvelées. *Il ne faut donc pas considérer ce qui s'est fait, mais ce qui aurait dû être fait et observé d'après les lois, la raison et la justice. Les abus tyranniques et temporaires de quelque province ne changent pas le droit qui a été établi avec sagesse et vigilance pour cette province et pour toutes les autres.* » (Livre III, chap. 3).

— *Sociología Venezolana*, P. M. Arcaya.

« Les *cabildos* ne signifiaient que peu de chose. Le régime fut plutôt féodal. » (p. 85).

— *Documentos inéditos de Indias*.

Rapport des pères Hiéronymites et d'Alonso de Zuazo. (T. I, p.p. 287, 292).

— *Guerras civiles*, Gutiérrez de Santa Clara. (T. I, p.p. 64, 67).

— *Recopilación de Indias*, Edition Boix.

Sur Charles II. — Bien que l'entrée des étrangers dans les Indes soit rigoureusement interdite, ils y sont venus en si grand nombre qu'il est devenu nécessaire à plusieurs reprises d'ordonner leur expulsion. (Livre IX, titre 27).

— *Actas capitulares de Buenos Aires*.

Le *cabildo* avait décidé que les étrangers arrivés sans autorisation devraient se rembarquer. Après l'opinion exprimée par l'évêque, on révoqua cette décision en invoquant le besoin urgent d'habitants. (T. I, p. 195).

Préjudices que causent les hommes de loi. Querelles entre Almagro et Pizarro entretenues par ces gens-là. (T. III, p. 73, 77).

Les biens ab intestat disparaissent. Goût pour les procès et les chicanes. Le développement que leur donnent les métis. (*Ibid.* p.p. 179, 485).

« Les Indiens sont devenus des plaideurs acharnés et ils dépensent tout ce qu'ils possèdent pour soutenir leur procès. » (T. IV, p. 515).

« Les gens sont très enclins à se mêler des affaires d'autrui ; ils s'occupent principalement de la façon dont le pays est administré ; ils critiquent, ils jugent. » (T. VI, p. 509).

« En poursuivant un petit procès les naturels de la Repartition allaient et venaient aux audiences, où ils s'ébattaient comme une fourmillière ; ils dépensaient tous leurs biens avec les procureurs, et ils s'en retournaient contents avec leur papier, si même ils avaient été condamnés. (*Ibid*. p. 537).

Rapport du bachelier Sánchez au Conseil des Indes (cité dans l'Appendice du chapitre VIII). (T. XI, p. 379).

Rodrigo de Contreras, gouverneur du Nicaragua, n'observa jamais les lois. (T. XXIV, p. 399).

« Celui qui essaye de se conformer aux ordonnances se rend odieux à tous. » (*Ibid*. p. 418).

Le licencié Cerrato écrit, du Guatémala, en 1548 : « Votre Majesté saura que depuis que sont arrivés ici présidents et auditeurs, ils n'observent ni ne mettent à exécution aucune loi ni ordonnance ancienne ou nouvelle. Que je leur parle à présent de ces choses, c'est pire que si parlait Mahomet. Si je juge bien, si j'accomplis ce que Votre Majesté ordonne, je serai l'objet de la colère de ces gens-là ; ils diront des horreurs sur mon compte. C'est parler le plus incompréhensible charabia du monde que d'invoquer le mot de justice et de prétendre punir quelqu'un, quelque excès qu'il ait commis.

« Je suis considéré comme un hérétique et un traître parce que je me conforme à la loi. Je n'ai ni le caractère ni l'habileté qu'il faut pour les Indes. » (*Ibid*. p.p. 464, 468, 510).

Rapport du licencié Espinosa sur la façon dont on

faisait aux Indiens la fameuse sommation de Palacios Rubio. (T. XXXVII, p. 1).

Rapport de Descobar : « Quoiqu'il soit exact que le service personnel ait été supprimé par ordre de Votre Majesté, on ne tient aucun compte de vos prescriptions. Je puis en juger de mes propres yeux, en homme qui parcourt le pays. » (T. XLI, p. 451).

— *Audiencia de Lima*, Recueil Levillier.

Plaintes du licencié Altamirano parce qu'on ne punit pas les délits :

« Les lois ne servent à rien si on ne les observe pas. Il est nécessaire qu'elles soient exécutées pour qu'on ne se permette pas de mettre la main sur le bien du Roi.

« Le vice-roi Cañete se met au-dessus des lois et il les révoque ; il fait de ces choses dont Votre Majesté dit que si, en vertu de ses lois, sa Royale Personne les faisait, elles seraient sans valeur. » (p.p. 53, 152, 174).

Le licencié Monzón dit, en 1562 : « Il n'y a plus de justice car elle se vend publiquement. Les sentences judiciaires ne sont pas exécutées, et les lois royales ne sont pas observées... Nous qui servons Votre Majesté nous sommes en horreur à tout le monde. On m'a poursuivi l'épée nue à la main. » (*Ibid.* p. 274).

« Aucune des cédules, qui ont été envoyées, n'a été exécutée. Les prescriptions ne sont pas observées et elles ne servent qu'à piller les vassaux. » (*Ibid.* p.p. 305 à 308).

Voici ce que dit le licencié Cianca : « Un des plus grands préjudices causés aux Indiens vient des procès et aussi de leurs rapports avec les hommes de loi, notaires, procureurs, qui les volent et leur font subir de grands abus. Il faudrait que les Indiens fussent jugés sommairement, sans formes de procès, et qu'on les dispensât de venir devant les tribunaux, car il en meurt beaucoup pendant le voyage. » (*Ibid.* p. 299).

— *Gobernantes del Perú.*

Le vice-roi Toledo écrit, en 1570 : « On peut affirmer que parmi les ordres donnés par Votre Majesté, rien n'a été exécuté. » (T. III, p.p. 342, 424, T. V, p. 246).

Même après la cédule qui les interdisait, le vice-roi Cañete continua à procéder à des répartitions d'Indiens. (T. III, p. 530).

Le vice-roi Toledo procède à une curieuse énumération de mariages de filles d'auditeurs avec des fonctionnaires royaux, ce qui était défendu : « Je découvre, dit-il dans un autre mémoire, des cédules, données par Votre Majesté, en faveur des Indiens, qu'aucun Tribunal n'a osé exécuter. » (T. V, p.p. 270 et 343).

Un jour, avant le départ de La Gasca, qui s'en retournait en Espagne, on reçut une cédule qui prohibait le travail personnel, mais le tribunal ne l'appliqua pas, à cause du danger qu'il y avait à le faire. (*Ibid.* p. 47).

— *Comercio de las Indias*, Gervasio de Antiñano.

Cet ouvrage contient des documents inédits sur les entreprises des flibustiers ; ils prouvent le grand appui qu'elles trouvaient chez les habitants des ports de mer.

— *Discurso del capitán Drake*, Juan Castellano.

Dans l'appendice de González Palencia, on cite des documents de Juan Castellano, pris dans les Archives de l'Institut de Valence. (p. 367).

— *Biblioteca Hispano-Americana. Memorias de virreyes del Perú*, R. Beltrán y Rospide.

Mémoire du vice-roi Francisco de Toledo : « On ne voyait pas et on n'exécutait pas les ordonnances. » p. 84).

— *América Latina*, Oliveira Lima.

Les *cabildos* coloniaux n'avaient pas non plus, au Brésil, une autorité réelle. Leur origine est semblable à celle des municipalités des colonies espagnoles. (p. 74).

CHAPITRE X

La symbolique et l'héraldique sont des sciences qui parvinrent, pendant le Moyen Age, à leur splendide apogée. Leur réglementation est pleine de formules et de rites. On transporta ces sciences en Amérique, mais, là, elles devinrent de simples images qui ne contenaient plus rien de vivant ; elles ne représentaient plus rien.

— *Cabildos de Buenos Aires.*

On voit, dans les travaux de ces municipalités, comment elles comblaient le vide de leurs fonctions en se livrant à des discussions interminables sur le cérémonial... Il y en eut plusieurs durant les premières années du *cabildo* de Buenos-Aires : Qui doit tenir l'étendard royal quand le porte-drapeau met pied à terre, ou quand on bénit cet étendard ? (T. I, p.p. 160, 238).

— *Audiencia de Charcas.*

« Dans la ville de Potosí, écrit en 1595, le *fiscal* ou procureur du roi, il y a plus de vingt maisons de jeu et d'écoles de danse. On s'occupe à se parer et à dépenser 1.000 pesos pour un vêtement. » (T. III, p. 255).

— *Historia del Perú*, Diego Fernández. (T. I, appendice p. 334).

— *Memorias de virreyes del Perú*, Beltran y Rospide. (T. I, p. 175).

— *Guerras civiles*, Gutierrez de Santa Clara. (T. II, p.p. 26, 466).

— *Conquista del Perú*, Cieza de León.

— *Historia de Indias*. Edition Rivadeneira. (T. II, p. 449).

— *Historia del Paraguay*, N. Techo.

Dans cet ouvrage, on rencontre fréquemment des descriptions de processions provoquées par des rogations ou des actions de grâces.

— *Libros referentes a la Historia de América.*

Requejo Salcedo décrit une procession de Panama qui sort de l'ordinaire : « Il n'y eut pas de personne de qualité qui n'y sollicitât le rôle le plus humble. Tous marchaient pieds nus, à part les malades. La confrérie de San Buenaventura sortit, les visages voilés.

» Parmi les membres du cortège se trouvaient les Franciscains, les figures recouvertes avec des nattes de sparterie, de grosses cordes au cou, sur les épaules des croix en bois de palétuvier si pesantes qu'au retour de la procession plus d'un moine robuste eut besoin, comme le Christ, d'un Cyrénéen. » (T. VIII).

— *La Iglesia en América*, V. G. Quesada.

Pour amuser les mulâtres et les Indiens, on donnait des mascarades et des pantomimes, organisées en général le jour de la fête du patron de la ville. Pour éviter les scandales, dans quelques localités, on représentait ces spectacles dans les églises.

Le Pape avait défendu au clergé de prendre part à ces farces. (D'après Pimentel et Agustín Rivera, Ch. 2).

— *Gobernadores del Perú.*

La Gasca rapporte ainsi son entrée à Lima : « Le sceau royal et moi, nous fûmes reçus avec de grandes réjouissances, et avec des jeux et des danses, par des personnages en costumes de soie de diverses couleurs.

» On plaça le sceau sous un dais et sur un cheval très paré que menait par la bride le *corregidor* Lorenzo de Aldama. Les alcaldes qui portaient le dais et lui étaient vêtus de robes longues de satin cramoisi, et les gens qui formaient la garde du sceau étaient en livrée de soie. » (T. I, p. 129).

— *Recopilación de Indias.*

Sur les cérémonies universitaires, voir le titre 22 du livre I, et surtout le titre 15 du livre III. C'est le chapitre le plus étendu et le plus détaillé.

CHAPITRE XI

— *Documentos inéditos de Indias.*

Cédules qui posent des règles pour la fondation des villes. (p. 472).

Le caractère d'habitant-fondateur donne droit à des privilèges : c'est tout d'abord celui de « *hijodalgos* d'origine reconnue, avec les noms et surnoms qu'il leur plaît d'adopter, le droit de se faire armer chevalier avec armes et blasons à leur gré. » (*Ibid.* p. 477).

— *Recopilación de Indias.* (Livre IV, titre 8).

— *Historiadores de Indias,* Cieza de León. (Edition Rivadeneira).

Il existe beaucoup de relations de fondations de villes : Panamá, Cartago, Cali, Nuestra Señora de la Paz, San Francisco de Quito, Trujillo, Arequipa, Los Reyes.

— *Orígenes de la dominación española,* Serrano y Sanz.

Préliminaires du gouvernement de Pedrarias Dávila. Choix d'emplacement pour les villes. (p. 280).

— *Tratados*, Calvo.

Instructions pour la fondation des villes. Manière d'en établir le tracé. (T. I, p. 156),

— *Milicia indiana*, Vargas Machuca.

Fondation des villes. Distribution de terres. (T. II, p.p. 15 à 48).

— *Gobierno de Ramírez de Velásco*, Jaime Freyre R.

Fondations de villes au Tucumán.

— *La ciudad del Barco*, S. Lafone Quevedo.

(*Boletín del Instituto Geográfico Argentino*, Núm. 19).

— *Conquista de Méjico*, Justo Sierra. (p.p. 156, 165, 166).

— *Viaje de un buque holandés al Río de la Plata*, P. Groussac.

Dans son commentaire de cette relation, P. Groussac a écrit des pages d'un très grand intérêt sur les commencements de Buenos Aires. Dans le nombre se trouvent un croquis de l'aspect matériel du village et une « chronique » de sa vie sociale. (T. IV, *Anales de la Biblioteca*).

— *Relaciones históricas de América. Relación de Honduras*, Le licencié Pedraza. Comment une ville change d'emplacement. (p. 142).

— *Génesis del Estado*, V. Letellier. (p.p. 207, 257).

— *Indoeuropeos* (édition espagnole), V. Yhering. (p.p. 44, 130 et suivantes).

— *El discurso del Capitán Drake*, Juan Castellanos.
Dans la valeur représentée par la ville de Carthagène
l'église, à elle seule, figure pour un prix considérable.

— *Historia del Paraguay*, le Père Nicolas Techo.

C'est dans cet ouvrage, mieux que dans beaucoup
d'autres, que l'on peut trouver des peintures ingénues
de la vie dans les villages.

— *Revista del Archivo*, R. M. Trelles. (T. II,
p. 117.

— *Relaciones geográficas. Venezuela*. Germán
Latorre.

« C'est une étude intéressante, surtout pour les spé-
cialistes de l'histoire coloniale, que celle de ces villes
américaines, mortes peu après leur naissance : leur
vie éphémère est terminée par quelque incursion sanglante d'Indiens, de pirates, de corsaires ; souvent par
les mauvaises conditions du terrain, du climat ; par
des bouleversements sismiques, par le voisinage d'un
volcan ; souvent par les querelles qui éclatent entre
les conquérants eux-mêmes et les colons, ou simplement par un caprice de ses fondateurs. » (p. 65).

— *Historia de la conquista de Venezuela*, Oviedo
y Baños.

« Pour dépeupler la ville de Nuestra Señora de
Caraballeda qui, avec ses commencements heureux,
promettait de grands développements avec l'espoir
ferme d'une durée prolongée, il suffit des violences
arbitraires du gouverneur, don Luis de Rojas, qui
chercha à molester les habitants : ceux-ci, devant les

rigueurs de ce pouvoir absolu, prirent le parti de fuir leurs demeures et d'abandonner leur ville en cherchant avec leurs familles une retraite nouvelle. » (p. 55).

Dans les constructions de la ville américaine, on trouve des signes matériels encore subsistants de l'esprit individualiste et anarchique de la conquête. Un de ces caractères est l'absence de maisons ayant plusieurs propriétaires. L'Américain préfère une maison isolée, seule, serait-elle pauvre et petite. En Amérique espagnole on n'est pas propriétaire d'étages séparés. Le terrain appartient au même maître, au-dessus et en dessous jusqu'à l'infini. On retrouve ce même esprit dans l'anarchie des façades. Le propriétaire préfère suivre son goût sans se soucier du voisin, sacrifiant la beauté urbaine à son humeur capricieuse.

— *Relación histórica,* Juan y Ulloa.

Pour la cité américaine du XVIIIe siècle, on trouve dans cet ouvrage une source unique de documentation.

CHAPITRE XII

— León Pinelo, de même que Solórzano Pereyra, attaquent et repoussent les allégations du Père Bartolomé de las Casas. En dialecticiens mesurés et en casuistes, ils trouvent le *distingo*, la réserve, la concession à l'aide desquels le sophisme aspire à faire pâlir la vérité.

La comparaison entre ces éminents jurisconsultes et le père Bartolomé présente un exemple du contraste émouvant du talent avec le génie.

La passion dialectique des juristes a créé cette floraison extraordinaire de sophismes et de chicanes qu'est la théorie du père Francisco de Victoria : L'Espagne, d'après lui, ne faisait qu'appliquer les droits du commerce en échangeant les marchandises contre l'or des Indiens qui appartenait aussi aux fils nés d'Espagnols et d'Indiennes, car puisqu'ils étaient sujets de l'Espagne, celle-ci leur devait sa protection.

A ces jurisconsultes ajoutons deux noms célèbres : Nuix, avec ses *Reflexiones imparciales*, et Ginés de Sepúlveda, l'adversaire du Père Bartolomé.

D'eux tous procède la génération des écrivains qui croient que le sentiment de l'honneur national leur fait un devoir d'attaquer le père Bartolomé.

Cependant on doit considérer comme une des gloires de l'Espagne cette rude franchise et cette vocation d'universalité qui caractérisent un bon nombre de ses plus éminents écrivains. Le père Bartolomé appartient à cette famille. Elle est représentée aujourd'hui par des hommes fort différents, ainsi que le sont souvent les frères, je veux dire : Unamuno, avec son ouvrage : *En torno al casticismo,* et Ortega y Gasset, avec son livre :*España invertebrada.*

On ne saurait comprendre, ni dans l'une ni dans l'autre de ces deux catégories, les écrivains que la conquête séduit comme une source de poésie et d'héroïsme. Parmi leurs œuvres, nous placerons le beau livre de Salaverría : *Los Conquistadores.*

Pour Nietzsche, l'épopée de la conquête présente une valeur singulière : le *conquistador* figure la larve de son surhomme.

Peu de personnages historiques pourront invoquer aussi bien que celui-ci une ressemblance avec l'idéal du philosophe allemand.

Personne comme le *conquistador* ne fut cet homme fort, qui méprise les faibles, ce déchaînement « de la volonté de pouvoir » que réclamait Nietzsche.

En une des rares occasions où l'émotion et l'éloquence troublaient la froideur de ses analyses et de son ironie, Montaigne, dans le chapitre des *Coches* de ses *Essais,* apparaît comme un reflet du père Bartolomé. Ronsard, en sa qualité de poète, avait fait un appel à la pitié, pour protester contre les expéditions dans les Indes Occidentales. Mais ce fut Montaigne qui inaugura en Europe la prédication contre l'esclavage des Indiens.

On peut consulter sur ce sujet l'intéressante histoire des idées européennes sur l'Amérique, publiée par Gilbert Chinard (1).

La grandeur de la prédication du père Bartolomé ressort mieux, quand nous nous rappelons qu'elle se produisait avant la naissance de la philosophie humanitaire, lorsque n'existaient pas encore les idées que la Révolution Française devait condenser deux siècles plus tard.

Ajoutons que l'apôtre des Indes ne procédait pas, comme les poètes du Bellay et Ronsard, par entraînement sentimental, mais bien en philosophe et en politique ; il n'employait pas les apostrophes ni les lamentations, mais les plans mûris, les considérations pratiques et logiques ; en humaniste véritable il donnait à ces idées l'inébranlable appui des principes. C'était un loyal disciple du Christ et un mémorable représentant de sa doctrine. Il fut, dans le sens pratique des enseignements chrétiens, ce qu'avait été Saint François dans le sens mystique.

La figure de las Casas est donc une des plus grandes de ce XVIᵉ siècle qui fut le siècle de Rabelais, de Montaigne, de Machiavel et de Loyola.

---

(1) L'exotisme américain au XVIᵉ siècle, par Gilbert Chinard, page 193.

Par suite de cette opinion justifiée que le père Bartolomé est le vrai héros de l'Amérique, nous estimons que sa statue, mieux que toute autre, devrait être érigée sur la grand'place de toutes les villes d'Amérique ; une statue du père Bartolomé et un buste de Humboldt ; c'est ce qu'on devrait exécuter, pour perpétuer, toutes distances gardées, les deux séries d'actes les plus nobles de l'histoire commune des pays de l'Amérique espagnole. Voilà une suggestion pour une entreprise de sain hispano-américanisme.

Bolivar a prononcé une phrase qui définit en même temps notre régime colonial et les vœux de notre Révolution : « Nous étions absents dans l'Univers, » a-t-il dit. L'ambition de faire enfin partie de l'Univers fut une pensée commune à tous les fondateurs de l'Amérique indépendante. Le nationalisme continental, que comportent tous les *américanismes* qui se prêchent aujourd'hui, est un abandon de cette pensée.

— *Documentos inéditos de Indias.* Papiers de las Casas.

Relation sur le traitement des Indiens. Attaques de Pánfilo de Narvaez et d'Antonio Velasquez. Plan de colonisation de las Casas. (T. III, p.p. 19, 47, 50).

Règlementations du travail indien. Capitulation sur la colonisation de la côte. Réformes pour la Española : « *que tejan y hagan ingenios* (1). »

_____

(1) Qu'ils tissent et construisent des ateliers mécaniques.

Querelles avec Rodrigo de Contreras. Invectives de Motolinia. Détails sur les traitements des Indiens. (*Ibid.* p.p. 56, 61, 65, 107, 108, 135, 259, 261, 280, 297, 304, 361, 401, 421, 427 et suivantes).

— *Historia de Indias. Historia apologética. Tratados. Destrucción de los Indios*, etc. Le Père Bartolomé de las Casas.

— *Vida de Españoles Célebres*, Quintana.

— *Guerras civiles*, Gutierrez de Santa-Clara. (T. I, p. 27).

TABLE DES MATIÈRES

Imprimé a Paris,
a l'Imprimerie
« Le Livre Libre »